제3편

증거

제1장   증거와 증거능력 판단
제2장   증명력 판단

제1장 증거와 증거능력 판단

제1절 증거의 의의와 종류

1. 증거의 의의

(1) 증거법의 지도이념

사실의 인정은 증거에 의하여야 한다(제307조 제1항). 사실이란 실체적 진실을 의미하며, 증거법은 바로 사실을 합리적으로 인정하기 위한 제도로서 증거법의 지도이념은 실체적 진실의 발견에 있다.

(2) 증거의 개념

형사소송에 있어서 사실인정에 사용되는 객관적인 자료를 증거라고 한다. 증거를 통해 사실관계 존부에 대하여 법관이 심증을 형성하거나 또는 소송관계인이 법관으로 하여금 심증을 형성하게 하는 것을 증명이라고 한다.

(3) 증거방법과 증거자료

증거방법	증거로 사용되는 유형물 자체를 말하며, 피고인·증인·증거물 등이 이에 해당한다.
증거자료	증거방법을 조사하여 알게 된 내용을 말하며, 자백·증언·증거물의 성질형상 등이 이에 해당한다.

2. 증거의 종류

(1) 직접증거와 간접증거

> **⚖ 판례 | 간접사실에 의한 증명**
>
> 1. <u>범죄사실의 증명은 반드시 직접증거만으로 이루어져야 하는 것은 아니고 논리와 경험칙에 합치되는 한 간접증거로도 할 수 있다</u>[대판 1998.11.13. 96도1783].
> 2. <u>피고인이 공모의 점을 부인하는 경우에는 사물의 성질상 이와 상당한 관련성이 있는 간접사실 또는 정황사실을 증명하는 방법으로 이를 증명할 수밖에 없다</u>[대판 2011.12.22. 2011도9721].
> 3. 주식회사의 대표이사가 회사의 돈을 인출하여 사용하였는데 그 사용처에 관한 증빙자료를 제시하지 못하고 있고 그 인출 사유와 사용처에 관하여 납득할 만한 합리적인 설명을 하지 못하고 있다면, 이는 그가 불법영득의 의사로 회사의 돈을 인출하여 개인적 용도로 사용한 것으로 추단할 수 있다[대판 2013.6.27. 2013도2510].

(2) 인증·물증·서증

인증	① 사람의 진술내용이 증거가 되는 것을 말한다. ② 증인의 증언, 감정인의 감정 또는 피고인의 자백·진술 등이 이에 해당한다.
물증	① 물건의 존재 및 성질·형상이 증거가 되는 것을 말한다. ② 범행에 사용된 흉기, 절도죄의 장물, 위조문서 등이 이에 해당한다.

서증	증거서류	① 서류의 내용이 증거가 되는 것을 말한다. ② 공판조서, 증인신문조서 등이 이에 해당한다.
	증거물인 서면	① 서류의 존재 및 내용이 증거가 되는 것을 말한다. ② 무고죄의 고소장, 협박죄에 있어 협박문서, 위조죄에 있어서 위조문서 등이 이에 해당한다.

(3) 본증과 반증

본증	거증책임을 부담하는 당사자가 제출하는 증거를 말한다. 형사소송에서는 원칙적으로 검사가 거증책임을 부담하므로 검사가 제출하는 증거가 본증이 된다. 예외적으로 피고인에게 거증책임이 있는 경우에 피고인이 제출하는 증거가 본증이 된다.
반증	본증에 의하여 증명될 사실을 부정하기 위하여 제출하는 증거를 말한다. 원칙적으로 피고인이 제출하는 증거가 반증이 된다.

(4) 진술증거와 비진술증거

진술증거	사람의 진술내용이 증거가 되는 것을 말하며, 진술과 진술을 기재한 서면이 포함된다.	
	원본증거 (본래증거)	① 사실을 경험한 자가 법원에서 직접 행한 진술 예 범행현장을 목격하였다는 증인의 공판정에서의 증언, 피고인의 공판정에서의 자백 ② 전문법칙이 적용되지 않는다.
	전문증거	① 경험한 자의 진술이 서면이나 타인의 진술의 형식으로 '간접적으로' 법원에 전달되는 경우 그 '서면'(전문서류)이나 '타인의 진술'(전문진술) 예 법정에 제출된 수사기관이 작성한 피의자신문조서, 증인이 피해자로부터 전해들은 사실을 내용으로 하는 진술을 한 경우 증인의 증언 ② 진술증거 중 전문증거에 대하여만 전문법칙이 적용된다.
비진술증거	① 진술증거 이외의 물적 증거(서증 포함)를 말한다. ② 전문법칙이 적용되지 않는다.	

(5) 실질증거와 보조증거

실질증거	요증사실(범죄사실)의 존부를 직접·간접으로 증명하기 위하여 사용하는 증거 예 살인을 목격하였다는 증인의 진술	
보조증거	실질증거의 증명력(신빙성)을 다투기 위하여 사용되는 증거	
	증강증거	증명력을 증강하기 위한 증거 예 증인의 기억력이 뛰어나다는 것에 대한 증언
	탄핵증거	증명력을 감쇄하기 위한 증거 예 증인이 치매로 치료를 받았다는 사실에 대한 증언

3. 증거능력과 증명력

구분	증거능력	증명력
개념	① 증거가 엄격한 증명의 자료로 사용될 수 있는 법률상의 자격을 말한다. ② 법률에 의해 미리 형식적으로 결정되어 있음	① 증거의 실질적 가치를 말한다. ② 법관의 자유심증에 의해 결정됨

근거 규정	사실의 인정은 증거에 의하여야 한다(제307조 제1항). 즉, 사실의 인정은 '증거능력'이 있고 적법한 증거조사절차를 거친 증거에 의하여야 한다(엄격한 증명의 원칙).	증거의 증명력은 법관의 자유판단에 의한다(제308조 자유심증주의).
취지	증거수집과정의 위법방지	법관의 합리적 판단에 의한 실체진실발견
관련 규정	〈증거능력의 제한〉 ① 자백배제법칙(제309조) ② 위법수집증거배제법칙(제308조의2) ③ 전문법칙(제310조의2)	〈자유심증주의의 예외〉 ① 자백의 보강법칙(제310조) ② 공판조서의 절대적 증명력(제56조) ③ 진술거부권의 행사 – 유죄의 심증(×)
양자의 관계	① 엄격한 증명에 있어서 증거능력은 증명력 판단의 전제가 된다. 증거능력 없는 증거는 (증거가 아니므로) 증명력을 따져볼 필요가 없으며, 법관의 심증형성에 영향을 미칠 수 있으므로 증거조사를 하는 것도 허용되지 않는다. ② 증거능력이 있다고 하여 언제나 증명력이 강한 것은 아니며, 증명력이 강하다고 하여 언제나 증거능력이 있는 것은 아니다. 증명력은 법관의 자유판단에 의할 뿐이며, 증거능력은 법률에 형식적으로 규정되어 있기 때문이다.	

제2절 증거재판주의

1. 의의

(1) 근거규정

형사소송법 제307조 제1항은 '사실의 인정은 증거에 의하여야 한다'라고 규정하고 있다. 여기의 '사실'은 '범죄될 사실'을 의미하며 그 인정은 '증거능력 있고 적법한 증거조사를 거친 증거'에 의하여야 한다'라는 의미이다. 이를 증거재판주의라고 한다.

> **⚖ 판례 ㅣ 증거재판주의의 의의**
>
> 범죄사실의 인정은 증거능력이 있고 적법한 증거조사를 거친 증거에 의한 증명(이른바 엄격한 증명)에 의하여야 한다 [대판 1989.10.10. 87도966].
>
> **동지판례** 형사재판에 있어서 유죄의 인정은 법원에 증거로 제출되어 적법한 증거조사를 거친 증거능력이 있는 증거에 의하여야 할 것이다[대판 1996.10.15. 96도1301].

(2) 증명의 의의와 방법

1) 증명의 의의

증명이란 범죄사실을 인정함에 있어 법관으로 하여금 '합리적 의심의 여지가 없는 정도의 확신을 갖게 하는 것을 말한다. 형사소송법도 범죄사실의 인정은 합리적인 의심이 없는 정도의 증명에 이르러야 한다(제307조 제2항)고 규정하고 있다.

📜 판례 | 합리적인 의심의 범위

형사재판에서 공소가 제기된 범죄사실에 대한 증명책임은 검사에게 있고, 유죄의 인정은 법관으로 하여금 합리적인 의심을 할 여지가 없을 정도로 공소사실이 진실한 것이라는 확신을 가지게 하는 증명력이 있는 증거에 의하여야 하는 것은 물론이다. 다만 유죄의 인정을 위한 심증형성이 상정할 수 있는 모든 의심을 일일이 배제할 정도까지 되어야 하는 것은 아니므로, 여기에서 말하는 '합리적인 의심'은 막연한 의문·불신이나 단지 관념적인 가능성만으로 품게 되는 의심이 아니라 논리와 경험의 법칙에 기초하여 볼 때 증명 대상이 되는 사실과 양립할 수 없는 사실이 존재할 개연성이 있다고 할 정도로 객관성과 합리성을 지닌 의심임을 요한다[대판(전) 2015.8.20. 2013도11650].

📜 판례 | 유죄의 증거가 갖추어야 할 증명력

형사재판에 있어서 유죄의 증거는 단지 우월한 증명력을 가진 정도로서는 부족하고 법관으로 하여금 합리적인 의심을 할 여지가 없을 정도의 확신을 생기게 할 수 있는 증명력을 가진 것이어야 한다[대판 1987.7.7. 86도586].

[동지판례] 형사사건에서 상해진단서는 피해자의 진술과 함께 피고인의 범죄사실을 증명하는 유력한 증거가 될 수 있다. 그러나 상해 사실의 존재 및 인과관계 역시 합리적인 의심이 없는 정도의 증명에 이르러야 인정할 수 있다[대판 2016.11.25. 2016도15018].

2) 증명의 방법

① 엄격한 증명

법률상 증거능력 있고 적법한 증거조사를 거친 증거에 의하여 증명하여야 한다는 것을 말한다.

② 자유로운 증명

증거능력 있는 증거에 의한 것인지 적법한 증거조사에 의한 것인지에 구애되지 않는 증명을 말한다. [22 경찰채용]*

③ 양자의 관계

엄격한 증명과 자유로운 증명은 증거능력 유무와 증거조사방법의 차이만 있을 뿐 법관의 심증의 정도에는 차이가 없다. [22 경찰채용]*

(3) 구별개념 – 소명

1) 소명의 의의

소명이란 법관으로 하여금 확신을 갖게 할 필요는 없고 단지 '진실할 것이다'라는 추측을 갖게 하는 정도의 입증을 말한다. 즉, 법관이 대략 납득 또는 수긍할 정도의 입증을 말한다.

2) 소명의 대상

형사소송법상 소명의 대상은 기피사유(제19조 제2항), 증언거부사유(제150조), 증거보전청구사유(제184조 제3항), 증인신문청구사유(제221조의2 제3항), 상소권회복청구사유(제346조 제2항), 정식재판청구권회복청구사유(제458조) 등이 있다.

📜 판례 | 공직선거법 제250조 제2항의 허위사실공표죄에서 공표사실의 '허위성'을 증명하는 방법

허위사실공표죄에서 의혹을 받을 일을 한 사실이 없다고 주장하는 사람에 대하여, 의혹을 받을 사실이 존재한다고 적극적으로 주장하는 자는, 그러한 사실의 존재를 수긍할 만한 소명자료를 제시할 부담을 지고, 검사는 제시된 그 자료의 신빙성을 탄핵하는 방법으로 허위성의 증명을 할 수 있다. 이때 제시하여야 할 소명자료는 위 법리에 비추어 단순히 소문을 제시하는 것만으로는 부족하고, 적어도 허위성에 관한 검사의 증명활동이 현실적으로 가능할 정도의 구체성은 갖추어야 하며, 이러한 소명자료의 제시가 없거나 제시된 소명자료의 신빙성이 탄핵된 때에는 허위사실 공표의 책임을 져야 한다[대판 2018.9.28. 2018도10447].

2. 엄격한 증명의 대상

(1) 범죄사실

공소장에 기재된 범죄사실은 엄격한 증명의 대상이 된다.

1) 구성요건해당사실

① 객관적 구성요건요소

주체, 객체, 행위, 결과, 인과관계, 수단, 방법 등은 엄격한 증명의 대상이 된다.

② 주관적 구성요건요소

고의 · 과실, 목적, 불법영득의사, 공동정범에서의 공모 등도 엄격한 증명의 대상이 된다.

🏃 판례 ┃ 엄격한 증명의 대상이 되는 경우(객관적 구성요건요소)

1. 뇌물죄에서의 <u>수뢰액은</u> 그 다과에 따라 범죄구성요건이 되므로 엄격한 증명의 대상이 된다[대판 2011.5.26. 2009도2453]. [19 경간부, 17 경찰승진, 16 국가9급]*

   동지판례 횡령한 재물의 가액이 특경법의 적용 기준이 되는 하한 금액을 초과한다는 점도 다른 구성요건 요소와 마찬가지로 엄격한 증거에 의하여 증명되어야 한다[대판 2017.5.30. 2016도9027]. [20 경찰승진, 19 경찰채용]*

2. 교사범에 있어서의 '교사사실'은 범죄사실을 구성하는 것으로서 이를 인정하기 위하여는 엄격한 증명이 요구된다[대판 2000.2.25. 99도1252]. [17 경찰채용, 16 경찰승진]*

3. 불법영득의사를 실현하는 행위로서의 <u>횡령행위</u>가 있다는 점은 검사가 입증하여야 하는 것으로서, 그 입증은 법관으로 하여금 합리적인 의심을 할 여지가 없을 정도의 확신을 생기게 하는 증명력을 가진 엄격한 증거에 의하여야 한다[대판 2013.6.27. 2013도2510].

4. 목적과 용도를 정하여 위탁한 금전을 수탁자가 임의로 소비하면 횡령죄를 구성할 수 있으나 이 경우 <u>피해자 등이 목적과 용도를 정하여 금전을 위탁한 사실 및 그 목적과 용도</u>가 무엇인지는 엄격한 증명의 대상이라고 보아야 한다[대판 2013.11.14. 2013도8121]. [23 변호사, 20 법원9급, 19 경찰채용, 16 국가9급]*

5. '범죄단체의 구성 · 가입행위' 자체는 엄격한 증명을 요하는 범죄의 구성요건이다[대판 2005.9.9. 2005도3857].

6. 공소사실에 특정된 범죄의 일시는 피고인의 방어권 행사의 주된 대상이 되므로 엄격한 증명을 통해 그 특정한 대로 범죄사실이 인정되어야 하며, 그러한 증명이 부족한데도 다른 시기에 범행을 하였을 개연성이 있다는 이유로 범죄사실에 대한 증명이 있다고 인정하여서는 아니 된다[대판 2017.3.30. 2013도10100].

7. <u>범죄구성요건에 해당하는 사실을 증명하기 위한 근거가 되는 과학적인 연구 결과</u>는 적법한 증거조사를 거친 증거능력 있는 증거에 의하여 엄격한 증명으로 증명되어야 한다[대판 2010.2.11. 2009도2338]. [20 국가7급, 19 경간부, 19 국가7급]*

7-1. 범죄구성요건사실의 존부를 알아내기 위해 과학공식 등의 경험칙을 이용하는 경우에 그 법칙 적용의 전제가 되는 개별적이고 구체적인 사실에 대하여는 엄격한 증명을 요하는바, <u>위드마크 공식의 적용을 위하여 필요한 전제사실(섭취한 알코올의 양, 음주 시각, 체중 등)의 인정</u>은 엄격한 증명으로 증명되어야 한다[대판 2008.8.21. 2008도5531]. [20 국가9급, 17 경찰승진, 16 국가9급]*

   관련판례 [1] 운전자가 상당한 시간이 경과한 후에야 호흡측정 결과에 이의를 제기하면서 혈액채취의 방법에 의한 측정을 요구하는 경우에는 이를 정당한 요구라고 할 수 없다. 따라서 경찰공무원이 혈액채취의 방법에 의한 측정을 하지 않았다고 하더라도 호흡측정기에 의한 결과만으로 음주운전 사실을 증명할 수 있다[대판 2002.3.15. 2001도7121].
   [2] 혈중알코올농도 측정 없이 위드마크 공식을 사용해 피고인이 마신 술의 양을 기초로 피고인의 운전 당시 혈중알코올농도를 추산하는 경우로서 알코올의 분해소멸에 따른 혈중알코올농도의 감소기(위드마크 제2공식, 하강기)에 운전이 이루어진 것으로 인정되는 경우에는 피고인에게 가장 유리한 음주 시작 시점부터 곧바로 생리작용에 의하여 분해소멸이 시작되는 것으로 보아야 한다. 이와 다르게 음주 개시 후 특정 시점부터 알코올의 분해소멸이 시작된다고 인정하려면 알코올의 분해소멸이 시작되는 시점이 다르다는 점에 관한 과학적 증명 또는 객관적인 반대 증거가 있거나, 음주 시작 시점부터 알코올의 분해소멸이 시작된다고 보는 것이 그렇지 않은 경우보다 피고인에게 불이익하게 작용되는 특별한 사정이 있어야 한다[대판 2022.5.12. 2021도14074].

8. <u>치료감호의 선고를 위하여는</u> 그 요건에 대한 엄격한 증명이 있어야 한다[대판 2001.6.15. 2001감도42].

9. '민간인이 군에 입대하여 군인신분을 취득하였는가의 여부'를 판단함에는 엄격한 증명을 요한다[대판 1970.10.30. 70도1936].

---

1. **(범의)** 뇌물수수죄에서 공무원의 직무에 관하여 수수하였다는 범의를 인정하기 위해서는 엄격한 증명이 요구된다[대판 2017.12.22.].
   [19 경찰채용]*
   동지판례 ⅰ) 특가법 제3조의 알선수재죄에 있어서 공무원의 직무에 속한 사항의 알선에 관하여 금품이나 이익을 수수·요구 또는 약속하였다는 (범의)는 범죄사실을 구성하는 것으로서 이를 인정하기 위해서는 엄격한 증명이 요구된다[대판 2013.9.12. 2013도6570]. [17 경찰채용]* ⅱ) 특경법 제7조의 알선수재죄에 있어서 금융기관 임직원의 직무에 속한 사항을 알선한다는 명목으로 금품을 수수하였다는 (범의)는 범죄사실을 구성하는 것으로서 이를 인정하기 위하여는 엄격한 증명이 요구된다[대판 2012.12.27. 2012도11200].

2. **(공동정범과 합동범의 공모 또는 모의)** 공모공동정범(합동에 의한 특수강도)에 있어서 '공모(공모관계) 또는 모의'는 범죄될 사실의 주요부분에 해당하는 이상 엄격한 증명의 대상에 해당한다[대판 2007.4.27. 2007도236; 대판 2001.12.11. 2001도4013]. [20 경찰채용, 20 경찰승진, 20 국가9급, 19 경찰채용, 18 경찰채용, 17 경찰승진, 17 경찰채용, 16 경찰채용, 16 경찰승진, 16 경간부, 16 국가9급]*

3. **(목적범의 목적)** 국헌문란의 목적은 범죄 성립을 위하여 고의 외에 요구되는 초과주관적 위법요소로서 엄격한 증명 사항에 속한다[대판(전) 2015.1.22. 2014도10978]. [20 경찰채용, 20 국가9급, 19 경찰채용]*
   동지판례 ⅰ) 특가법 제5조의9 제1항 위반의 죄의 행위자에게 보복의 목적은 엄격한 증명에 의하여야 한다[대판 2014.9.26. 2014도9030]. [19 경찰채용]* ⅱ) 행위자에게 이적행위를 할 목적이 있었다는 점은 검사가 증명하여야 하며, 행위자가 이적표현물임을 인식하고 제5항 소정의 행위를 하였다는 사실만으로 그에게 이적행위를 할 목적이 있었다고 추정하여서는 아니 된다[대판 2013.9.12. 2012도3529].

⚖️ **판례 | 범죄의 구성요건과 관련된 간접사실이나 직접증거의 증명력을 보강하는 보조사실의 증명방법 (= 엄격한 증명)**

구성요건에 해당하는 사실은 엄격한 증명에 의하여 이를 인정하여야 하고, 증거능력이 없는 증거는 구성요건 사실을 추인하게 하는 간접사실로 사용할 수 없으며, 구성요건 사실을 입증하는 직접증거의 증명력을 보강하는 보조사실의 인정자료로도 사용할 수 없다[대판(전) 2015.1.22. 2014도10978]. [20 경간부, 20 국가9급, 18 국가7급, 17 국가9급]*

동지판례 간접사실이나 보조사실도 범죄의 구성요건과 관련된 것인 이상 합리적인 의심의 여지가 없는 엄격한 증명을 요한다[대판(전) 2015.1.22. 2014도10978].

2) 위법성·책임에 관한 사실

구성요건해당사실이 증명되면 위법성과 책임은 추정되지만, 다툼이 있는 경우 위법성조각사유와 책임조각사유의 '부존재'도 형벌권의 존부에 관한 중요한 사실이므로 엄격한 증명을 요한다(통설).

⚖️ **판례 | 거증책임이 전환된 경우 위법성조각사유의 '존재'에 대한 증명의 방법(=엄격한 증거에 의한 증명을 요하지 않음)**

공연히 사실을 적시하여 사람의 명예를 훼손한 행위가 형법 제310조의 규정에 따라서 위법성이 조각되어 처벌대상이 되지 않기 위하여는 그것이 진실한 사실로서 오로지 공공의 이익에 관한 때에 해당된다는 점을 행위자가 증명하여야 하는 것이나, 그 증명은 유죄의 인정에 있어 요구되는 것과 같이 법관으로 하여금 의심할 여지가 없을 정도의 확신을 가지게 하는 증명력을 가진 엄격한 증거에 의하여야 하는 것은 아니므로, 이 때에는 전문증거에 대한 증거능력의 제한을 규정한 형사소송법 제310조의2는 적용될 여지가 없다[대판 1996.10.25. 95도1473].

(2) 처벌조건

처벌조건은 범죄사실 자체는 아니지만 형벌권 발생의 기초가 되는 사실이므로 엄격한 증명의 대상이 된다. 따라서 친족상도례가 적용되는 재산범죄에서 일정한 친족관계의 존부사실, 사전수뢰죄에서 공무원·중재인이 된 사실 또는 파산범죄에 있어 파산선고의 확정 등은 엄격한 증명의 대상이 된다.

(3) 형의 가중 · 감면의 이유되는 사실

① 형의 가중사유

누범전과는 엄격한 증명을 요한다. 그러나 그 이외의 전과는 정상관계사실로서 자유로운 증명으로 족하다 (통설). 상습범가중의 경우 상습성은 엄격한 증명을 요한다.

② 형의 감면사유

각종 미수 또는 자수나 자복의 사실은 범죄될 사실 그 자체는 아니지만 범죄사실에 준하여 엄격한 증명의 대상이 된다(다수설).

⚖️ 판례 | 심신상실, 심신미약 여부의 증명방법(= 자유로운 증명)

범인의 범행 당시의 정신상태가 심신상실이었느냐 심신미약이었느냐는 자유로운 증명으로서 족하나 일반적으로는 전문가의 감정에 의뢰하는 것이 타당하다[대판 1961.10.26.4294형상590].

---

(4) 몰수 · 추징에 관한 사실

⚖️ 판례 | 몰수 · 추징의 증명방법(= 자유로운 증명)

몰수(추징)대상이 되는지 여부나 추징액의 인정 등 몰수 · 추징의 사유는 범죄구성요건 사실에 관한 것이 아니어서 <u>엄격한 증명은 필요 없지만 역시 증거에 의하여 인정되어야 할 것</u>임은 당연하다[대판(전) 2006.4.7.2005도9858]. [20 경찰채용, 19 경간부, 19 경찰채용, 19 국가7급, 18 경찰채용, 17 경찰채용, 16 국가9급, 16 경간부]*

---

(5) 기타

① 경험법칙

일반적인 경험법칙은 공지의 사실이므로 증명을 요하지 않는다. 그러나 경험법칙의 내용이 명백하지 않은 경우 증명의 대상이 되며, 엄격한 증명을 요하는 사실의 인정에 필요한 때에는 엄격한 증명의 대상이 된다.

② 외국 법규

법규의 존부와 내용은 법원의 직권조사사항에 속하므로 증명의 대상이 되지 않는 것이 원칙이다. 그러나 외국법이나 관습법과 같이 법규의 내용이 명백하지 않은 때에는 증명의 대상이 되며, 엄격한 증명을 요하는 사실을 인정하는 자료가 되는 때에는 엄격한 증명의 대상이 된다.

⚖️ 판례 | 외국법규의 증명방법(= 엄격한 증명)

<u>형법 제6조 단서의 '행위지의 법률에 의하여 범죄를 구성하는지 여부'</u>에 대해서는 <u>엄격한 증명</u>에 의하여 검사가 이를 입증하여야 할 것이다[대판 2011.8.25. 2011도6507]. [19 경찰채용, 19 국가7급, 18 경찰채용, 16 국가9급]*

---

3. 자유로운 증명의 대상

(1) 소송법적 사실

소송법적 사실은 범죄사실이 아니기 때문에 자유로운 증명으로 족하다. 따라서 친고죄에 있어 고소의 유무, 각종 소송조건의 존부, 피고인의 구속기간, 공소제기 등은 자유로운 증명으로 족하다.

> ⚖️ **판례 | 자유로운 증명의 대상이 되는 경우**
>
> 1. 친고죄에서 적법한 고소가 있었는지는 자유로운 증명의 대상이 된다[대판 2011.6.24. 2011도4451]. [23 변호사, 22 경찰채용, 20 경찰승진, 20 법원9급, 19 경간부, 18 경찰채용, 17 경찰채용, 16 국가9급, 16 경간부]*
> 2. 반의사불벌죄에서 처벌을 희망하지 않는다는 의사표시 또는 처벌희망 의사표시 철회의 유무나 그 효력 여부에 관한 사실은 자유로운 증명의 대상이다[대판 2010.10.14. 2010도5610].
> 3. 피고인의 검찰 진술의 임의성의 유무가 다투어지는 경우에는 법원은 구체적인 사건에 따라 증거조사의 방법이나 증거능력의 제한을 받지 아니하고 제반 사정을 종합 참작하여 적당하다고 인정되는 방법에 의하여 자유로운 증명으로 그 임의성 유무를 판단하면 된다[대판 2004.3.26. 2003도8077]. [20 경찰승진, 20 경간부, 18 경찰채용, 17 경찰채용, 16 경찰채용]*
> 4. 형사소송법 제313조 단서에 규정된 '특히 신빙할 수 있는 상태'는 증거능력의 요건에 해당하므로 검사가 그 존재에 대하여 구체적으로 주장·입증하여야 하는 것이지만, 이는 소송상의 사실에 관한 것이므로 엄격한 증명을 요하지 아니하고 자유로운 증명으로 족하다[대판 2001.9.4. 2000도1743]. [20 경찰채용, 20 경간부, 20 법원9급, 19 국가7급, 18 경간부, 18 경찰채용, 16 국가9급, 16 경찰채용]*

(2) 정상(양형)관계사실

양형의 기초가 되는 정상관계사실은 복잡하고 비유형적이며 또한 양형은 법관의 재량에 해당하므로 이는 자유로운 증명의 대상이 된다. 따라서 형법 제51조의 범인의 연령·성행·지능·환경, 피해자에 대한 관계, 범행의 동기·수단·결과, 범행 후의 정황은 자유로운 증명으로 족하다. 또한 선고유예·집행유예의 사유가 되는 사실이나 작량감경의 기초가 되는 사실 등도 자유로운 증명으로 족하다.

> ⚖️ **판례 | 양형조건(= 자유로운 증명의 대상)**
>
> 법원은 범죄의 구성요건이나 법률상 규정된 형의 가중·감면의 사유가 되는 경우를 제외하고는, 법률이 규정한 증거로서의 자격이나 증거조사방식에 구애됨이 없이 상당한 방법으로 조사하여 양형의 조건이 되는 사항을 인정할 수 있다[대판 2010.4.29. 2010도750].
>
> 관련판례 사실심 변론종결 후 검사나 피해자 등에 의해 피고인에게 불리한 새로운 양형조건에 관한 자료가 법원에 제출되었다면, 사실심 법원으로서는 변론을 재개하여 그 양형자료에 대하여 피고인에게 의견진술 기회를 주는 등 필요한 양형심리절차를 거침으로써 피고인의 방어권을 실질적으로 보장해야 한다[대판 2021.9.30. 2021도5777]. [22 경찰승진]*

(3) 보조사실

증거의 증명력을 탄핵하는 보조사실은 자유로운 증명으로 족하지만, 증명력을 보강하는 보조사실은 엄격한 증명의 대상이 된다.

> ⚖️ **판례 | 탄핵증거(= 엄격한 증거조사 불요, 그러나 탄핵증거로서의 증거조사는 필요)**
>
> 탄핵증거는 범죄사실을 인정하는 증거가 아니므로 엄격한 증거조사를 거쳐야 할 필요가 없음은 형사소송법 제318조의2의 규정에 따라 명백하다고 할 것이나, 법정에서 이에 대한 탄핵증거로서의 증거조사는 필요하다[대판 1998.2.27. 97도1770].

4. 증명을 요하지 않는 사실(불요증사실)

(1) 공지의 사실과 법원에 현저한 사실

① 공지의 사실, 즉 일반적으로 알려져 있는 사실은 증명을 요하지 않는다. 다만, 반증이 금지되는 것은 아니다.

② 법원에 현저한 사실, 즉 법원이 그 직무상 명백히 알고 있는 사실은 공지의 사실과는 구별되며 법원에 대한 국민의 신뢰 확보와 공정한 재판의 담보를 위해서 증명을 요한다.

(2) 추정된 사실

① **법률상 추정된 사실**: 자유심증주의에 반하므로 형사소송에서는 인정되지 아니한다.

② **사실상 추정된 사실**: 사실상 추정된 사실은 증명을 요하지 않으나 반증은 허용되므로 반증에 의하여 법관에게 의심이 생긴 때에는 증명을 필요로 한다.

5. 거증책임

(1) 거증책임의 의의

거증책임이란 요증사실의 존부가 증명되지 않을 경우 불이익을 받게 될 당사자의 법적 지위를 말한다. 법원은 당사자가 제출한 증거와 직권으로 조사한 증거에 의하여 심증을 형성하게 되는데, 이러한 입증으로도 요증사실의 존부에 대하여 확신을 갖지 못할 때에는 당사자 일방에게 불이익을 주지 않을 수 없는데 이것이 바로 거증책임이다. 이를 보통 실질적 거증책임이라고 한다.

(2) 거증책임의 분배

형사소송법에서는 무죄추정의 원칙과 '의심스러울 때에는 피고인의 이익으로(in dubio pro reo)' 원칙이 지배하므로 거증책임은 원칙적으로 검사가 부담한다.

1) 검사에게 거증책임이 있는 경우

① 공소범죄사실(구성요건해당사실, 위법성과 책임의 존재), 처벌조건, 형의 가중·감면의 이유되는 사실은 형벌권의 존부와 범위에 관한 사실이므로 검사가 거증책임을 부담한다.

⚖ 판례 | 공소사실에 대한 거증책임의 소재(= 검사)

1. 형사소송에서는 범죄사실이 있다는 증거를 검사가 제시하여야 한다. 피고인의 변소가 불합리하여 거짓말 같다고 하여도 그것 때문에 피고인을 불리하게 할 수 없다. 범죄사실의 증명은 법관으로 하여금 합리적인 의심의 여지가 없을 정도로 고도의 개연성을 인정할 수 있는 심증을 갖게 하여야 한다. 이러한 정도의 심증을 형성하는 증거가 없다면 설령 피고인에게 유죄의 의심이 간다 하더라도 피고인의 이익으로 판단하여야 한다[대판 2018.6.19. 2015도3483].

2. 형사재판에서 공소가 제기된 범죄의 구성요건을 이루는 사실은 그것이 주관적 요건이든 객관적 요건이든 입증책임이 검사에게 있으므로, 형법 제307조 제2항의 허위사실 적시에 의한 명예훼손죄로 기소된 사건에서 사람의 사회적 평가를 떨어뜨리는 사실이 적시되었다는 점, 적시된 사실이 객관적으로 진실에 부합하지 아니하여 허위일 뿐만 아니라 적시된 사실이 허위라는 것을 피고인이 인식하고서 이를 적시하였다는 점은 모두 검사가 입증하여야 한다[대판 2014.9.4. 2012도13718].

3. [1] 진정한 양심에 따른 병역거부라면, 이는 병역법 제88조 제1항의 '정당한 사유'에 해당한다.
   [2] 구체적인 병역법 위반 사건에서 피고인이 양심적 병역거부를 주장할 경우, 그 양심이 과연 깊고 확고하며 진실한 것인지를 가려내는 일이 무엇보다 중요하다. 인간의 내면에 있는 양심을 직접 객관적으로 증명할 수는 없으므로 사물의 성질상 양심과 관련성이 있는 간접사실 또는 정황사실을 증명하는 방법으로 판단하여야 한다.
   [3] 정당한 사유가 없다는 사실은 범죄구성요건이므로 검사가 증명하여야 한다. 다만 진정한 양심의 부존재를 증명한다는 것은 마치 특정되지 않은 기간과 공간에서 구체화되지 않은 사실의 부존재를 증명하는 것과 유사하다. 위와 같은 불명확한 사실의 부존재를 증명하는 것은 사회통념상 불가능한 반면 그 존재를 주장·증명하는 것이 좀 더 쉬우므로, 이러한 사정은 검사가 증명책임을 다하였는지를 판단할 때 고려하여야 한다. 따라서 양심적 병역거부를 주장하는 피고인은 자신의 병역거부가 그에 따라 행동하지 않고서는 인격적 존재가치가 파멸되고 말 것이라는 절박하고 구체적인 양심에 따른 것이며 그 양심이 깊고 확고하며 진실한 것이라는 사실의 존재를 수긍할 만한 소명자료를 제시하고, 검사는 제시된 자료의 신빙성을 탄핵하는 방법으로 진정한 양심의 부존재를 증명할 수 있다. 이때 병역거부자가 제시해야 할 소명자료는 적어도 검사가 그에 기초하여 정당한 사유가 없다는 것을 증명하는 것이 가능할 정도로 구체성을 갖추어야 한다[대판(전) 2018.11.1. 2016도10912].

---

4. 형사재판에서 공소가 제기된 범죄의 구성요건을 이루는 사실은 그것이 주관적 요건이든 객관적 요건이든 그 증명책임이 검사에게 있으므로, 허위사실 적시 명예훼손죄로 기소된 사건에서 사람의 사회적 평가를 떨어뜨리는 사실이 적시되었다는 점, 그 적시된 사실이 객관적으로 진실에 부합하지 아니하여 허위일 뿐만 아니라 그 적시된 사실이 허위라는 것을 피고인이 인식하고서 이를 적시하였다는 점은 모두 검사가 증명하여야 한다. 그런데 위 증명책임을 다하였는지 여부를 결정함에 있어서는, 어느 사실이 적극적으로 존재한다는 것의 증명은 물론, 그 사실의 부존재의 증명이라도 특정 기간과 특정 장소에서의 특정행위의 부존재에 관한 것이라면 적극적 당사자인 검사가 이를 합리적 의심의 여지가 없이 증명하여야 한다[대판 2020.2.13. 2017도16939].

② 소송조건은 공소제기의 적법·유효요건으로 소송조건의 존부에 대한 거증책임은 검사가 부담한다(통설).

2) 증거를 제출한 당사자에게 거증책임이 있는 경우

증거능력의 전제가 되는 사실에 대하여는 공평의 이념상 증거를 자기의 이익으로 이용하려는 당사자에게 거증책임이 인정된다.

> 🔑 **판례 | 증거제출 당사자인 검사에게 거증책임이 인정된다는 판례**
>
> 검사가 의사의 진단서 또는 서증을 증거로 제출하는 경우에 그 증거능력을 부여할 거증책임은 검사에게 있다[대판 1970.11.24. 70도2109].

(3) 거증책임의 전환

1) 의의

거증책임은 원칙적으로 검사가 부담하지만 예외적으로 피고인이 부담하는 경우가 있는데 이를 거증책임의 전환이라 한다.

2) 상해의 동시범의 특례

형법 제263조는 '독립행위가 경합하여 상해의 결과를 발생하게 한 경우에 있어서 원인된 행위가 판명되지 아니한 때에 공동정범의 예에 의한다'라고 규정하고 있다. 이는 행위자가 자기의 행위에 의하여 상해의 결과가 발생하지 않았다는 것을 증명해야 하고 그렇지 않으면 공동정범의 예에 의하여 처벌되므로, 거증책임을 피고인에게 전환한 규정이다(다수설).

3) 명예훼손죄의 위법성조각사유(형법 제310조)에 대한 거증책임

> 🔑 **판례 | 명예훼손죄의 위법성조각사유(형법 제310조)에 대한 거증책임의 소재(= 피고인)**
>
> 공연히 사실을 적시하여 사람의 명예를 훼손한 행위가 형법 제310조의 규정에 따라서 위법성이 조각되어 처벌대상이 되지 않기 위하여는 그것이 <u>진실한 사실로서 오로지 공공의 이익에 관한 때에 해당된다는 점을 행위자가 증명하여야 하는 것이고</u>, 법원이 적법하게 증거를 채택하여 조사한 다음 형법 제310조 소정의 위법성조각사유의 요건이 <u>입증되지 않는다면 그 불이익은 피고인이 부담하는 것이다</u>[대판 2004.5.28. 2004도1497].

6. 입증의 부담

(1) 의의

① 입증의 부담이란 소송의 진행과정에서 어느 사실이 증명되지 않는 경우 불이익한 판단을 받을 가능성이 있는 당사자가 불이익을 면하기 위하여 그 사실을 증명할 증거를 제출할 부담을 말하며 형식적 거증책임이라고도 한다.

② 거증책임이 요증사실에 따라 고정되어 있는 것과는 달리 입증의 부담은 소송의 진행과정에 따라 반전하는 것이다. 예컨대 검사가 구성요건해당성을 입증하면 위법성과 책임이 사실상 추정되므로 위법성조각사유와 책임조각사유에 대하여는 피고인이 입증의 부담을 가지게 된다.

(2) 입증의 정도

입증의 부담의 경우에 필요한 입증의 정도는 법관에게 확신을 갖게 할 것을 요하지 않고 그러한 사유가 있지 않은가라는 의심을 갖게 할 정도, 즉 법관의 심증을 방해할 정도면 족하다.

제3절 자백배제법칙

1. 자백의 의의

(1) 개념

자백이란 피고인 또는 피의자가 자신의 범죄사실의 전부 또는 일부를 인정하는 진술을 말한다.

(2) 자백의 범위

1) 진술(자백)하는 자의 지위

진술하는 자의 법률상 지위는 문제되지 않는다. 제309조는 '피고인의 자백'이라고 규정하고 있으나, 피고인의 진술뿐만 아니라 피의자나 증인·참고인의 진술도 모두 자백에 해당한다.

2) 진술의 형식, 단계, 상대방

① 형식을 불문한다. 따라서 구두에 의한 진술, 서면에 의한 진술 모두 자백에 해당될 수 있다.
② 재판상의 자백과 재판외의 자백을 불문한다.
③ 상대방을 불문한다. 따라서 법원, 법관, 수사기관에 대한 진술도 모두 자백이 될 수 있다. 일기 등에 자기의 범죄사실을 기재한 것도 모두 자백에 해당한다.

2. 자백배제법칙 의의

(1) 개념

헌법 제12조 제7항과 형사소송법 제309조는 '피고인의 자백이 고문·폭행·협박·신체구속의 부당한 장기화 또는 기망 기타의 방법으로 임의로 진술한 것이 아니라고 의심할 만한 이유가 있는 때에는 이를 유죄의 증거로 하지 못한다'라고 하여 자백배제법칙을 규정하고 있다.

> **⚖ 판례 | 제309조의 위법사유의 성격(= 예시사유)**
>
> 형사소송법 제309조는 "피고인의 자백이 고문, 폭행, 협박, 신체구속의 부당한 장기화 또는 기망 기타의 방법으로 임의로 진술한 것이 아니라고 의심할 만한 이유가 있을 때에는 이를 유죄의 증거로 하지 못한다."고 규정하고 있는바, 위 법조에서 규정된 피고인의 진술의 자유를 침해하는 위법사유는 원칙적으로 예시사유로 보아야 한다[대판 1985.2.26. 82도2413].

(2) 이론적 근거

> **⚖ 판례 | 임의성 없는 자백의 증거능력을 부정하는 취지**
>
> 임의성 없는 진술의 증거능력을 부정하는 취지는 허위진술을 유발 또는 강요할 위험성이 있는 상태에서 이루어진 진술은 그 자체가 실체적 진실에 부합하지 아니하여 오판을 일으킬 소지가 있을 뿐만 아니라 그 진위 여부를 떠나서 진술자의 기본적 인권을 침해하는 위법·부당한 압박이 가하여지는 것을 사전에 막기 위한 것이다 [대판 2015.9.10. 2012도9879]. [17 경간부]*

3. 자백배제법칙의 적용범위

(1) 고문·폭행·협박에 의한 자백

> **⚖ 판례 | 임의성 없는 자백에 해당하는 경우(전 단계에서 가혹행위에 의하여 임의성 없는 자백을 한 후 이어진 다음 단계에서도 "임의성 없는 심리상태가 계속되어" 동일한 내용의 자백을 한 경우)**
>
> 1. **(사경단계 → 검사단계)** 피고인이 검사 이전의 수사기관에서 고문 등 가혹행위로 인하여 임의성 없는 자백을 하고 그 후 검사의 조사단계에서도 임의성 없는 심리상태가 계속되어 동일한 내용의 자백을 하였다면 검사의 조사단계에서 고문 등 자백의 강요행위가 없었다고 하여도 검사 앞에서의 자백도 임의성 없는 자백이라고 볼 수밖에 없다 [대판 2013.7.11. 2011도14044]. [19 국가9급, 18 국가7급, 18 경찰승진]*
>
> [동지판례] 검사 작성의 피고인에 대한 제1회 피의자신문조서의 기재는 그 자백 내용에 있어 그 자체에 객관적 합리성이 없고 검사 앞에서 조사 받을 당시는 자백을 강요당한 바 없다고 하여도 경찰에서의 자백이 폭행이나 신체구속의 부당한 장기화에 의하여 임의로 진술한 것이 아니라고 의심할 만한 상당한 이유가 있어서 경찰에서 피고인을 조사한 경찰관이 검사 앞에까지 피고인을 데려간 경우 검사 앞에서의 자백도 그 임의성이 없는 심리상태가 계속된 경우라고 할 수밖에 없어 검사 작성의 피고인에 대한 제1회 피의자신문조서는 증거능력이 없다 [대판 1992.3.10. 91도1].
>
> 2. **(수사단계 → 법정단계)** 피고인이 수사기관에서 가혹행위 등으로 인하여 임의성 없는 자백을 하고 그 후 법정에서도 임의성 없는 심리상태가 계속되어 동일한 내용의 자백을 하였다면 법정에서의 자백도 임의성 없는 자백이라고 보아야 한다 [대판 2012.11.29. 2010도3029]. [20 경간부, 18 국가7급, 18 경찰승진, 18 경찰채용]*
>
> 3. 피고인이 직접 고문을 당하지 않았다 할지라도 다른 피고인이 고문당하는 것을 보고 자백한 경우도 증거능력이 없다 [대판 1978.1.31. 77도463].

(2) 신체구속의 부당한 장기화로 인한 자백

> **⚖ 판례 | 신체구속이 장기화 + 고문이나 잠을 재우지 않은 상태에서의 자백(증거능력 없음)**
>
> 1981.8.4.부터 적법한 절차에 따른 법관의 구속영장이 발부 집행된 1981.8.17.까지 (14일간) 불법적으로 신체구속이 장기화 된 사실을 인정하기에 충분하므로 1심 판결에서 언급한 수사경찰관의 피고인에 대한 고문이나 잠을 재우지 않는 등 경합된 진술의 자유를 침해하는 위법사유를 아울러 고려한다면 피고인의 경찰에서의 자백진술은 피고인이 증거로 함에 동의유무를 불구하고 유죄의 증거로 할 수 없다 [대판 1985.2.26. 82도2413].
>
> [관련판례] 피고인의 검찰에서의 자백은 피고인이 검찰에 연행된 때로부터 약 30시간 동안 잠을 재우지 아니한 채 검사 2명이 교대로 신문을 하면서 회유한 끝에 받아낸 것으로 임의로 진술한 것이 아니라고 의심할 만한 이유가 있는 때에 해당한다고 보아, 형사소송법 제309조의 규정에 의하여 그 피의자신문조서는 증거능력이 없다 [대판 1997.6.27. 95도1964].

(3) 기망에 의한 자백

　① 기망이라고 하기 위하여는 단순히 착오를 이용하는 것으로는 부족하며 적극적인 사술이 있을 것을 요한다.

　② 공범자가 자백하였다고 거짓말을 하거나, 거짓말탐지기의 검사결과 피의자의 진술이 거짓임이 판명되었다고 속이거나, 증거가 발견되었다고 속여 자백을 받는 경우가 이에 해당한다.

⚖ 판례 | 기망에 의한 자백에 해당하는 경우

피고인의 자백이 심문에 참여한 검찰주사가 <u>피의사실을 자백하면 피의사실부분은 가볍게 처리하고 보호감호의 청구를 하지 않겠다는 각서를 작성하여 주면서 자백을 유도한 것에 기인한 것이라면</u> 위 자백은 기망에 의하여 임의로 진술한 것이 아니라고 의심할 만한 이유가 있는 때에 해당하여 형사소송법 제309조 및 제312조 제1항의 규정에 따라 증거로 할 수 없다[대판 1985.12.10. 85도2182].
[20 경간부, 18 경찰승진]*

---

(4) 기타 임의성에 의심 있는 자백(이익약속에 의한 자백)

　① 검사가 자백을 하면 불기소 또는 기소유예를 해 주겠다고 하여 이를 믿고 한 자백의 경우 임의성에 의심이 있는 자백에 해당한다.

　② 이익은 반드시 형사처벌과 관계있는 것임을 요하지 않고 일반적·세속적 이익도 포함된다.

⚖ 판례 | 임의성 없는 자백에 해당하는지 여부에 대한 비교판례

1-0. (해당하는 경우 – 특가뇌물 대신 단순수뢰로 가볍게 처벌되도록 하겠다는 약속) 피고인이 처음 검찰조사시에 범행을 부인하다가 뒤에 자백을 하는 과정에서 금 200만원을 뇌물로 받은 것으로 하면 <u>특정범죄가중처벌등에관한법률 위반으로 중형을 받게 되니 금 200만원 중 금 30만원을 술값을 갚은 것으로 조서를 허위작성한 것이라면 이는 단순 수뢰죄의 가벼운 형으로 처벌되도록 하겠다고 약속하고 자백을 유도한 것으로</u> 위와 같은 상황하에서 한 자백은 그 임의성에 의심이 가고 따라서 진실성이 없다는 취지에서 이를 배척하였다 하여 자유심증주의의 한계를 벗어난 위법이 있다고는 할 수 없다[대판 1984.5.9. 83도2782].

1-1. (해당하지 않는 경우 – 일정한 증거가 발견되면 자백하겠다는 약속하에 하게 된 자백) 자백의 약속이 검사의 강요나 위계에 의하여 이루어졌다던가 또는 불기소나 경한 죄의 소추 등 이익과 교환조건으로 된 것이라고 인정되지 않는 경우라면, <u>일정한 증거가 발견되면 자백하겠다는 약속하에 하게 된 자백을 곧 임의성이 없는 자백이라고 단정할 수는 없다</u>[대판 1983.9.13. 83도712].
[20 경찰채용, 19 경찰채용, 19 국가9급, 18 경찰승진, 18 경찰채용, 16 국가7급]*

---

4. 인과관계의 요부

⚖ 판례 | 임의성이 없다고 의심하게 된 사유와 자백과의 사이에 인과관계가 존재하지 않는 경우(= 임의성 있는 자백에 해당함)

피고인의 자백이 임의성이 없다고 의심할 만한 사유가 있는 때에 해당한다 할지라도 <u>그 임의성이 없다고 의심하게 된 사유들과 피고인의 자백과의 사이에 인과관계가 존재하지 않은 것이 명백한 때에는 그 자백은 임의성이 있는 것으로 인정된다고 보아야 한다</u>[대판 1984.11.27. 84도2252]. [20 경간부, 20 경찰채용, 19 경찰채용, 16 변호사]*

---

5. 임의성의 입증

(1) 거증책임

> **⚖️ 판례 | 진술의 임의성이 추정되는지(= 적극), 다툼이 있을 때 거증책임(= 검사)**
>
> 1. 진술의 임의성이라는 것은 진술의 임의성을 잃게 하는 사정이 없다는 것 즉, 증거의 수집과정에 위법성이 없다는 것인 데, 진술의 임의성을 잃게 하는 그와 같은 사정은 헌법이나 형사소송법의 규정에 비추어 볼 때 이례에 속한다 할 것이므 로 <u>진술의 임의성은 추정된다</u>[대판 1997.10.10. 97도1720].
>
> 2. 검사 작성의 당해 피고인에 대한 피의자신문조서에 기재된 <u>진술의 임의성에 다툼이 있을 때에는</u> 그 임의성을 의심할 만 한 합리적이고 구체적인 사실을 피고인이 증명할 것이 아니라 <u>검사가 그 임의성의 의문점을 없애는 증명을 하여야 하고, 검사가 그 임의성의 의문점을 없애는 증명을 하지 못한 경우에는 그 조서는 유죄 인정의 증거로 사용할 수 없는데,</u> 이러 한 법리는 피고인이나 그 변호인이 검사 작성의 당해 피고인에 대한 피의자신문조서의 임의성을 인정하는 진술을 하였다 가 <u>이를 번복하는 경우에도 마찬가지로 적용되어야 한다</u>[대판 2008.7.10. 2007도7760].102) [20 경찰채용, 19 경찰승진, 18 국가7급, 18 경간부, 17 법원9급, 16 국가7급, 16 경찰승진]*

(2) 임의성의 증명의 방법

> **⚖️ 판례 | 임의성의 증명방법과 증명력의 판단**
>
> 1. **(자유로운 증명으로 판단)** 피의자의 진술에 관하여 공판정에서 그 <u>임의성 유무가 다투어지는 경우에는</u> 법원은 구체적인 사건에 따라 증거조사의 방법이나 증거능력의 제한을 받지 아니하고 제반 사정을 종합 참작하여 적당하다고 인정되는 방 법에 의하여 <u>자유로운 증명으로 그 임의성 유무를 판단하면 된다</u>[대판 1986.11.25. 83도1718].
>
> 2. **(자유심증주의 적용)** 피고인이 공판정에서 자신에 대한 검사 작성의 피의자신문조서에 관하여 그 서명무인을 시인하면서 그 <u>임의성을 다투는 경우에는,</u> 법원으로서는 구체적 사건에 따라 당해 조서의 형식과 내용, 피고인의 학력, 경력, 직업, 사회적 지위, 지능 정도 등 제반 사정을 참작하여 <u>자유로운 심증으로 이를 판단하여야 한다</u>[대판 1998.12.22. 98도2890]. [20 경찰채용, 16 경찰승진]*

6. 자백배제법칙의 효과

(1) 증거능력의 절대적 배제

자백배제법칙에 의한 증거능력의 제한은 절대적이므로 피고인이 동의하더라도 증거능력이 인정되지 않으며, 탄 핵증거로도 사용할 수 없다.

> **⚖️ 판례 | 임의성의 없는 자백의 증거능력과 그 자백에 의하여 획득한 2차 증거의 증거능력(부정)**
>
> 1. 임의성이 인정되지 아니하여 증거능력이 없는 진술증거는 피고인이 증거로 함에 동의하더라도 증거로 삼을 수 없다[대판 2006.11.23. 2004도7900]. [19 경찰승진, 19 법원9급, 18 경간부, 18 경찰채용, 18 국가9급, 16 법원9급]*
>
> 2. 압수된 망치, 국방색 작업복과 야전잠바 등은 피고인의 증거능력 없는 자백에 의하여 획득된 것이므로 증거능력이 없다 [대판 1977.4.26. 77도210].

---

102) 형사소송법의 개정으로 검사 작성의 피의자신문조서의 요건이 변경되어 현재는 유효한 판례가 아니지만, 법리를 위해 남겨두었다.

제4절 위법수집증거배제법칙

1. 의의

(1) 개념

형사소송법 제308조의2는 '적법한 절차에 따르지 아니하고 수집한 증거는 증거로 할 수 없다'라고 규정하여,103) 위법수집증거배제법칙을 인정하고 있다.

(2) 인정근거

적법절차를 실현과 위법수사를 방지·억제하기 위하여 인정되는 법칙이다.

2. 적용범위

(1) 배제의 기준

> **판례 | 법정 절차에 따르지 아니하고 수집한 증거의 증거능력(= 원칙 소극), 예외적 증거능력의 인정요건[적법절차의 실질적 내용을 침해(X) + 증거능력 배제가 형사사법 정의에 반하는 결과 초래]**
>
> [1] 헌법과 형사소송법이 정한 절차에 따르지 아니하고 수집한 증거는 기본적 인권 보장을 위해 마련된 적법한 절차에 따르지 않은 것으로서 원칙적으로 유죄 인정의 증거로 삼을 수 없다.
>
> [2] 다만, 법이 정한 절차에 따르지 아니하고 수집한 압수물의 증거능력 인정 여부를 최종적으로 판단함에 있어서는, 형식적으로 보아 정해진 절차에 따르지 아니하고 수집한 증거라는 이유만을 내세워 획일적으로 그 증거의 증거능력을 부정하는 것 역시 헌법과 형사소송법이 형사소송에 관한 절차 조항을 마련한 취지에 맞는다고 볼 수 없다. 따라서 수사기관의 절차 위반 행위가 적법절차의 실질적인 내용을 침해하는 경우에 해당하지 아니하고, 오히려 그 증거의 증거능력을 배제하는 것이 헌법과 형사소송법이 형사소송에 관한 절차 조항을 마련하여 적법절차의 원칙과 실체적 진실 규명의 조화를 도모하고 이를 통하여 형사사법 정의를 실현하려 한 취지에 반하는 결과를 초래하는 것으로 평가되는 예외적인 경우라면, 법원은 그 증거를 유죄 인정의 증거로 사용할 수 있다고 보아야 한다. [20 경찰채용, 18 국가9급, 16 경찰승진]*
>
> [3] 피고인 측에서 검사가 제주지사실에 대한 압수수색 결과 수집한 증거물이 적법절차를 위반하여 수집한 것으로 증거능력이 없다고 다투고 있음에도 불구하고, 주장된 위법사유 중 영장에 압수할 물건으로 기재되지 않은 물건의 압수, 영장 제시 절차의 누락, 압수목록 작성·교부 절차의 현저한 지연 등으로 적법절차의 실질적인 내용을 침해하였는지 여부 등에 관하여 충분히 심리하지 아니한 채 압수절차가 위법하더라도 압수물의 증거능력은 인정된다는 이유만으로 압수물의 증거능력을 인정한 것은 위법하다[대판(전) 2007.11.15. 2007도3061].

> **판례 | 위법하게 수집된 증거의 증거능력 인정을 위한 특별한 사정의 입증책임(= 검사)**
>
> 법원이 수사기관의 절차 위반행위에도 불구하고 그 수집된 증거를 유죄 인정의 증거로 사용할 수 있는 예외적인 경우에 해당한다고 볼 수 있으려면, 그러한 예외적인 경우에 해당한다고 볼 만한 구체적이고 특별한 사정이 존재한다는 것을 검사가 입증하여야 한다[대판 2011.4.28. 2009도10412; 대판 2009.3.12. 2008도763]. [20 경찰채용]*

---

103) 자백의 증거능력에 관해서는 제309조에서 별도로 규정하고 있으므로 위법수집증거배제법칙은 '자백 이외의 진술증거'와 '비진술증거'의 증거능력과 관련하여 문제가 된다.

(2) 유형별 고찰

1) 헌법정신에 위반하여 수집한 증거

영장주의에 위반하거나 적정절차원칙에 위반하여 수집한 증거는 증거능력이 없다.

2) 형사소송법규정에 위반하여 수집한 증거

증거조사절차가 위법하여 무효인 경우에는 그 절차에서 수집한 증거는 증거능력이 없다. 따라서 거절권을 침해한 압수 · 수색, 선서 없는 증인의 증언은 증거로 할 수 없다.

📖 판례 | 위법하게 수집된 '진술증거'의 증거능력을 부정한 경우

1. **(변호인의 참여권을 침해하여 작성된 피의자신문조서)** 피의자가 변호인의 참여를 원한다는 의사를 명백하게 표시하였음에도 수사기관이 정당한 사유 없이 변호인을 참여하게 하지 아니한 채 피의자를 신문하여 작성한 피의자신문조서는 증거로 할 수 없다[대판 2013.3.28. 2010도3359].

2. **(위법하게 심리공개금지를 결정한 후 이루어진 증인의 증언)** 헌법, 법원조직법이 정한 공개금지사유가 없음에도 불구하고 재판의 심리에 관한 공개를 금지하기로 결정하였다면 그러한 공개금지결정은 피고인의 공개재판을 받을 권리를 침해한 것으로서 그 절차에 의하여 이루어진 증인의 증언은 증거능력이 없다고 할 것이고, 변호인의 반대신문권이 보장되었더라도 달리 볼 수 없으며, 이러한 법리는 공개금지결정의 선고가 없는 등으로 공개금지결정의 사유를 알 수 없는 경우에도 마찬가지이다[대판 2015.10.29. 2014도5939]. [18 국가7급, 18 경찰채용]*

3. **(선서없이 한 공범 아닌 공동피고인의 법정진술)** 피고인과 별개의 범죄사실로 기소되어 병합심리되고 있던 공동피고인은 피고인에 대한 관계에서는 증인의 지위에 있음에 불과하므로, 선서없이 한 공범 아닌 공동피고인의 법정진술은 피고인에 대한 공소범죄사실을 인정하는 증거로 할 수 없다[대판 1982.6.22. 82도898]. [18 변호사, 17 변호사, 17 법원9급, 17 경간부]*

4. 선거관리위원회 위원 · 직원이 관계인에게 진술이 녹음된다는 사실을 미리 알려주지 아니한 채 진술을 녹음하였다면, 그와 같은 조사절차에 의하여 수집한 녹음 파일 내지 그에 터잡아 작성된 녹취록은 원칙적으로 유죄의 증거로 쓸 수 없다 [대판 2014.10.15. 2011도3509]. [19 경찰채용, 18 경찰승진, 18 경간부, 17 법원9급, 17 경찰승진, 17 경찰채용, 16 국가9급, 16 경찰승진, 16 경간부]*

   판례해설 공직선거법 제272조의2 제6항의 선거관리위원회 직원이 관계인에게 사전에 설명할 '조사의 목적과 이유'에는 조사할 선거범죄혐의의 요지, 관계인에 대한 조사가 필요한 이유뿐만 아니라 관계인의 진술을 기록 또는 녹음 · 녹화한다는 점도 포함된다.

5. 피고인의 공판조서에 대한 열람 또는 등사청구에 법원이 불응하여 피고인의 열람 또는 등사청구권이 침해된 경우에는 그 공판조서를 유죄의 증거로 할 수 없을 뿐만 아니라 공판조서에 기재된 당해 피고인이나 증인의 진술도 증거로 할 수 없다 [대판 2012.12.27. 2011도15869].

6. 교통안전과 위험방지를 위한 필요가 없음에도 주취운전을 하였다고 인정할 만한 상당한 이유가 있다는 이유만으로 이루어지는 음주측정은 이미 행하여진 주취운전이라는 범죄행위에 대한 증거 수집을 위한 수사절차로서의 의미를 가지는 것인데, 구 도로교통법(2005.5.31. 법률 제7545호로 전문 개정되기 전의 것)상의 규정들이 음주측정을 위한 강제처분의 근거가 될 수 없으므로 위와 같은 음주측정을 위하여 당해 운전자를 강제로 연행하기 위해서는 수사상의 강제처분에 관한 형사소송법상의 절차에 따라야 하고, 이러한 절차를 무시한 채 이루어진 강제연행은 위법한 체포에 해당한다. 이와 같은 위법한 체포 상태에서 음주측정요구가 이루어진 경우, 음주측정요구를 위한 위법한 체포와 그에 이은 음주측정요구는 주취운전이라는 범죄행위에 대한 증거 수집을 위하여 연속하여 이루어진 것으로서 개별적으로 그 적법 여부를 평가하는 것은 적절하지 않으므로 그 일련의 과정을 전체적으로 보아 위법한 음주측정요구가 있었던 것으로 볼 수밖에 없고, 운전자가 주취운전을 하였다고 인정할 만한 상당한 이유가 있다 하더라도 그 운전자에게 경찰공무원의 이와 같은 위법한 음주측정요구에 대해서까지 그에 응할 의무가 있다고 보아 이를 강제하는 것은 부당하므로 그에 불응하였다고 하여 음주측정거부에 관한 도로교통법 위반죄로 처벌할 수 없다[대판 2006.11.9. 2004도8404].

1. 위법한 절차(압수·수색영장에 기재된 수색장소를 벗어난 압수였고 또한 압수 당시 영장도 제시받지 못했고 압수목록도 압수 후 5개월이 경과한 이후에 교부되었음)를 통해서 압수한 서류는 증거능력이 부정된다[대판 2009.3.12. 2008도763].

2. 형사소송법 규정에 위반하여 수사기관이 법원으로부터 영장 또는 감정처분허가장을 발부받지 아니한 채 피의자의 동의 없이 피의자의 신체로부터 혈액을 채취하고 더구나 사후적으로도 지체없이 이에 대한 영장을 발부받지 아니하고서 위와 같이 강제채혈한 피의자의 혈액 중 알코올농도에 관한 감정이 이루어졌다면 이러한 감정결과보고서 등은 피고인이나 변호인의 증거동의 여부를 불문하고 유죄 인정의 증거로 사용할 수 없다[대판 2012.11.15. 2011도15258]. [20 법원9급, 19 경찰승진, 18 변호사, 18 경찰승진, 18 법원9급, 16 경찰승진, 16 경찰채용]*

3. 수사기관이 범죄의 수사를 목적으로 '거래정보 등'을 획득하기 위해서는 법관의 영장이 필요하다고 할 것이고, 신용카드에 의하여 물품을 거래할 때 '금융회사 등'이 발행하는 매출전표의 거래명의자에 관한 정보 또한 금융실명법에서 정하는 '거래정보 등'에 해당한다고 할 것이므로, 수사기관이 금융회사 등에 그와 같은 정보를 요구하는 경우에도 법관이 발부한 영장에 의하여야 한다. 그럼에도 수사기관이 영장에 의하지 아니하고 매출전표의 거래명의자에 관한 정보를 획득하였다면 그와 같이 수집된 증거는 원칙적으로 유죄의 증거로 삼을 수 없다[대판 2013.3.28. 2012도13607].

---

1. (압색장소 미통지 + 피고인 또는 그와 관련된 자의 참여가 있었던 경우) 수사관들이 피고인들과 변호인에게 압수·수색 일시와 장소를 통지하지 아니하였으나, 피고인들은 일부 압수·수색과정에 직접 참여하기도 하였고, 직접 참여하지 아니한 압수·수색절차에도 피고인들과 관련된 참여인들의 참여가 있었고, 압수된 디지털 저장매체들이 제3자의 서명하에 봉인되고 그 해쉬(Hash)값도 보존되어 있는 경우, 이는 유죄 인정의 증거로 사용할 수 있는 예외적인 경우에 해당한다[대판(전) 2015.1.22. 2014도10978].

   동지판례 (압색과정에 실질적인 참여가 인정된 경우) ⅰ) 수사관들이 주거주 등이나 지방공공단체 직원 등의 참여 없이 피고인의 거소지에서 압수·수색을 하다가 곧바로 거소지의 임차인인 甲에게 연락하여 참여할 것을 고지하였고, 甲이 현장에 도착한 때부터 압수물 선별 과정, 디지털 포렌식 과정, 압수물 확인 과정에 甲과 변호인의 적극적이고 실질적인 참여가 있었으며, 압수·수색의 전 과정이 영상녹화된 경우, 이는 유죄 인정의 증거로 사용할 수 있는 예외적인 경우에 해당한다[대판(전) 2015.1.22. 2014도10978]. ⅱ) 수사관들이 주거주 등이나 지방공공단체 직원 등의 참여 없이 하남평생교육원 건물에 진입한 이후 수색절차를 진행하지 않은 채 대기하다가 하남시 신장2동 주민센터 직원 乙이 도착한 이후에 본격적인 수색절차를 진행하였고, 압수·수색 과정을 영상녹화한 경우, 이는 유죄 인정의 증거로 사용할 수 있는 예외적인 경우에 해당한다[대판(전) 2015.1.22. 2014도10978].

2. 검찰관이 피고인을 뇌물수수 혐의로 기소한 후, 형사사법공조절차를 거치지 아니한 채 과테말라공화국에 현지출장하여 그곳 호텔에서 뇌물공여자 갑을 상대로 참고인 진술조서를 작성한 사안에서, 참고인조사가 증거수집을 위한 수사행위에 해당하고 조사의 방식이나 절차에 강제력이나 위력은 물론 어떠한 비자발적 요소도 개입될 여지가 없었음이 기록상 분명한 이상, 위법수집증거배제법칙이 적용된다고 볼 수 없다고 한 사례[대판 2011.7.14. 2011도3809]. [19 경찰승진, 17 국가9급]*

3. 필요한 기재 사항이 모두 기재되어 있고 간인 등도 적법하게 이루어졌으나 판사의 서명날인란에는 서명만 있고 그 옆에 날인이 없는 압수·수색영장에 의하여 압수한 파일 출력물과 이를 제시하고 획득한 2차적 증거인 수사기관 작성의 피의자신문조서 및 증인의 법정진술은 위법수집증거에 해당하지 않는다[대판 2019.7.11. 2018도20504]. [20 경찰승진]*

3. 위법수집증거의 탄핵증거사용 및 증거동의 허용 여부

(1) 위법수집증거와 탄핵증거

위법수집증거를 탄핵증거로 사용하는 것을 허용하는 경우 사실상 위법수집증거가 법관의 심증형성에 영향을 미치게 되므로 탄핵증거로 사용하는 것은 허용되지 않는다.

(2) 위법수집증거와 증거동의

원칙적으로 위법하게 수집된 증거는 증거동의의 대상이 될 수 없다. 다만, 아래와 같은 판례에서는 예외를 인정하고 있다.

🔨 판례 | 위법수집증거에 대하여 증거동의가 있는 경우 증거능력을 긍정한 판례

1. **(증거보전절차로 증인신문을 하는 경우 참여의 기회를 주지 아니하고 작성된 증인신문조서)** 판사가 형사소송법 제184조에 의한 증거보전절차로 증인신문을 하는 경우에는 동법 제163조에 따라 검사, 피의자 또는 변호인에게 증인신문의 시일과 장소를 미리 통지하여 증인신문에 참여할 수 있는 기회를 주어야 하나 참여의 기회를 주지 아니한 경우라도 피고인과 변호인이 증인신문조서를 증거로 할 수 있음에 동의하여 별다른 이의없이 적법하게 증거조사를 거친 경우에는 위 증인신문조서는 증인신문절차가 위법하였는지의 여부에 관계없이 증거능력이 부여된다[대판 1988.11.8, 86도1646].

2. **(피고인에게 유리한 증언을 마친 증인에 대한 번복진술조서)** 공판준비 또는 공판기일에서 이미 증언을 마친 증인을 검사가 소환한 후 피고인에게 유리한 그 증언 내용을 추궁하여 이를 일방적으로 번복시키는 방식으로 작성한 진술조서는 피고인이 증거로 할 수 있음에 동의하지 아니하는 한 그 증거능력이 없다[대판(전) 2000.6.15, 99도1108].

🔨 판례 | 증거의 위법수집의 효력(증거능력 부정)이 제3자에게도 미치는지 여부(미침)

경찰이 피고인이 아닌 제3자들(유흥업소 손님과 그 여종업원)을 사실상 강제연행하여 불법체포한 상태에서 이들의 성매매행위나 피고인(유흥업소 업주)들의 유흥업소 영업행위를 처벌하기 위하여 진술서를 받고 진술조서를 작성한 경우, 각 진술서 및 진술조서는 위법수사로 얻은 진술증거에 해당하여 증거능력이 없으므로 피고인들(유흥업소 업주)의 식품위생법위반 혐의에 대한 유죄 인정의 증거로 삼을 수 없다[대판 2011.6.30, 2009도6717]. [20 경찰채용, 19 경간부, 18 법원9급]*

---

4. 위법하게 수집한 증거로부터 획득한 2차적 증거의 증거능력

🔨 판례 | 위법수집증거로부터 획득한 2차적 증거에 해당하지 않는 경우

범행 현장에서 지문채취 대상물에 대한 지문채취가 먼저 이루어진 이상, 수사기관이 그 이후에 지문채취 대상물을 적법한 절차에 의하지 아니한 채 압수하였다고 하더라도 위와 같이 채취된 지문은 위법하게 압수한 지문채취 대상물로부터 획득한 2차적 증거에 해당하지 아니함이 분명하여 이를 가리켜 위법수집증거라고 할 수 없다[대판 2008.10.23, 2008도7471]. [23 변호사, 20 경간부, 20 국가7급, 19 국가9급, 18 경찰승진, 18 경찰채용, 17 국가7급]*

🔨 판례 | 위법하게 수집된 증거를 기초로 하여 획득한 2차적 증거의 증거능력의 유무(= 원칙적으로 증거능력이 부정됨), 예외적 증거능력 인정요건[1차 증거 수집의 위법행위와 2차 증거 수집행위의 인과관계가 희석(단절)된 경우]

[1] 적법한 절차에 따르지 아니한 위법행위를 기초로 하여 증거가 수집된 경우에는 당해 증거뿐 아니라 그에 터잡아 획득한 2차적 증거에 대해서도 그 증거능력은 부정되어야 할 것이다. [2] 다만 위와 같은 위법수집증거배제의 원칙은 수사과정의 위법행위를 억지함으로써 국민의 기본적 인권을 보장하기 위한 것이므로 적법절차에 위배되는 행위의 영향이 차단되거나 소멸되었다고 볼 수 있는 상태에서 수집한 증거는 그 증거능력을 인정하더라도 적법절차의 실질적 내용에 대한 침해가 일어나지는 않는다 할 것이니 그 증거능력을 부정할 이유는 없다. 따라서 증거수집 과정에서 이루어진 적법절차 위반행위의 내용과 경위 및 그 관련 사정을 종합하여 볼 때 당초의 적법절차 위반행위와 증거수집 행위의 중간에 그 행위의 위법 요소가 제거 내지 배제되었다고 볼 만한 다른 사정이 개입됨으로써 인과관계가 단절(희석)된 것으로 평가할 수 있는 예외적인 경우에는 이를 유죄 인정의 증거로 사용할 수 있다[대판 2013.3.14, 2010도2094]. [20 경찰채용, 19 경간부]*

판례 | 위법하게 수집된 증거를 기초로 하여 획득한 2차적 증거의 증거능력을 부정한 경우

1. 위법한 강제연행 상태에서 호흡측정 방법에 의한 음주측정을 한 다음 강제연행 상태로부터 시간적·장소적으로 단절되었다고 볼 수도 없고 피의자의 심적 상태 또한 강제연행 상태로부터 완전히 벗어났다고 볼 수 없는 상황에서 피의자가 호흡측정 결과에 대한 탄핵을 하기 위하여 스스로 혈액채취 방법에 의한 측정을 할 것을 요구하여 혈액채취가 이루어졌다고 하더라도 그 사이에 위법한 체포 상태에 의한 영향이 완전하게 배제되고 피의자의 의사결정의 자유가 확실하게 보장되었다고 볼 만한 다른 사정이 개입되지 않은 이상 불법체포와 증거수집 사이의 인과관계가 단절된 것으로 볼 수는 없다. 따라서 그러한 혈액채취에 의한 측정 결과 역시 유죄 인정의 증거로 쓸 수 없다고 보아야 한다. 그리고 이는 수사기관이 위법한 체포 상태를 이용하여 증거를 수집하는 등의 행위를 효과적으로 억지하기 위한 것이므로, 피고인이나 변호인이 이를 증거로 함에 동의하였다고 하여도 달리 볼 것은 아니다[대판 2013.3.14. 2010도2094]. [20 변호사, 20 경간부, 19 경찰채용, 18 경찰승진, 17 경찰승진, 16 국가9급, 16 경간부]*

   판례해설 이 사건은 피의자 甲 접촉사고 → 경찰관 출동 → 음주운전 의심 경찰관. 甲을 강제로 순찰차에 태움(불법체포) → 지구대 도착 음주측정(혈중알콜농도 0.13%) → 경찰관 "다 끝났으니 집으로 가라.", 甲 "호흡측정 결과를 받아들일 수 없다." → 인근병원에서 혈액채취(혈중알콜농도 0.14%)의 순서로 진행된 것이다. 판례에 의할 때 최초의 측정결과는 물론 혈중알콜농도 감정서도 모두 증거능력이 부정된다.

2. 수사관들이 (집행현장에서 혐의사실과 관련된 부분만을 문서로 출력하거나 수사기관이 휴대한 저장매체에 복사하는 것이 현저히 곤란한 상황이어서) 압수·수색영장 기재에 따라 외장 하드디스크 자체를 수사기관 사무실로 반출한 후, 영장에 기재된 범죄 혐의와 관련된 전자정보를 탐색하여 해당 전자정보만을 출력 또는 복사하는 것을 넘어, 위 범죄 혐의와 자금 조성의 주체·목적·시기·방법 등이 전혀 다른 전자정보인 인센티브 보너스 추가지급 관련 전산자료까지 출력한 후, 이를 제시하면서 관련자들을 조사하여 진술을 받아낸 경우, 전산자료 출력물은 증거능력이 없는 위법수집증거에 해당하고, 이러한 위법수집증거를 제시하여 수집된 관련자들의 진술 등도 위법수집증거에 기한 2차적 증거에 해당하므로 증거능력이 부정된다[대판 2014.2.27. 2013도12155].

판례 | 위법하게 수집된 증거를 기초로 하여 획득한 2차적 증거의 증거능력을 인정한 경우

1. (인과관계가 희석·단절된 경우 + 중대범행 – 강도상해 – 의 증거) 강도 현행범으로 체포된 피고인에게 진술거부권을 고지하지 아니한 채 강도범행에 대한 자백을 받고, 이를 기초로 여죄에 대한 진술과 증거물을 확보한 후 진술거부권을 고지하여 피고인의 임의자백 및 피해자의 피해사실에 대한 진술을 수집한 사안에서 제1심 법정에서의 피고인의 자백은 진술거부권을 고지받지 않은 상태에서 이루어진 최초 자백 이후 40여 일이 지난 후에 변호인의 충분한 조력을 받으면서 공개된 법정에서 임의로 이루어진 것이고, 피해자의 진술은 법원의 적법한 소환에 따라 자발적으로 출석하여 위증의 벌을 경고받고 선서한 후 공개된 법정에서 임의로 이루어진 것이어서 예외적으로 유죄 인정의 증거로 사용할 수 있는 2차적 증거에 해당한다고 한 사례[대판 2009.3.12. 2008도11437]. [20 경찰승진, 20 법원9급, 19 변호사, 19 경간부, 17 경간부, 16 경찰승진]*

   동지판례 ⅰ) 甲, 乙에 대한 각 검찰진술조서는 자금을 수수하였다는 피고인들의 정치자금법위반 피의사실뿐만 아니라 자금을 제공하였다는 甲, 乙의 정치자금법위반 피의사실에 관한 것이기도 하여 그 실질은 피의자신문조서의 성격을 가지는데, 그들에게 진술거부권이 고지되지 않은 상태에서 진술이 이루어졌으므로 위 각 조서는 위법수집증거에 해당하여 증거능력이 없으나, 그들은 최초 검찰 진술시로부터 수개월 또는 1년 이상 지난 시점에 법원의 적법한 소환에 따라 자발적으로 공개된 법정에 출석하여 위증의 벌을 경고받고 선서한 후 자신이 직접 경험한 사실을 임의로 진술하였으므로, 그들의 법정 증언은 예외적으로 유죄의 증거로 사용할 수 있는 2차적 증거에 해당하여 증거능력이 있다[대판 2011.3.10. 2010도9127]. ⅱ) 피고인의 제1심 법정 자백은 (수사기관이 법관의 영장 없이 그 거래명의자에 관한 정보를 알아낸 후 그 정보에 기초하여 긴급체포함으로써 구금 상태에 있던 피고인으로부터 받아낸) 최초 자백 이후 약 3개월이 지난 시점에 공개된 법정에서 적법한 절차를 통하여 임의로 이루어진 것이라는 점 등을 고려하여 볼 때 유죄 인정의 증거로 사용할 수 있는 경우에 해당한다. 나아가 피해자들 작성의 진술서는 제3자인 피해자들이 범행일로부터 약 3개월, 11개월 이상 지난 시점에서 기존의 수사절차로부터 독립하여 자발적으로 자신들의 피해 사실을 임의로 진술한 것이므로 역시 유죄 인정의 증거로 사용할 수 있는 경우에 해당한다[대판 2013.3.28. 2012도13607]. [20 경찰승진, 20 경간부, 20 경찰채용, 19 변호사, 18 경찰승진]*

2. **(인과관계가 희석단절된 경우 + 중대범행 – 마약범행 – 의 증거)** 수사기관의 연행이 위법한 체포에 해당하고 그에 이은 제1차 채뇨에 의한 증거 수집이 위법하다고 하더라도, 피고인은 이후 법관이 발부한 구속영장에 의하여 적법하게 구금되었고 법관이 발부한 압수영장에 의하여 2차 채뇨 및 채모 절차가 적법하게 이루어진 이상, 그와 같은 2차적 증거 수집이 위법한 체포·구금절차에 의하여 형성된 상태를 직접 이용하여 행하여진 것으로는 쉽사리 평가할 수 없다. 메스암페타민 투약 범행과 같은 중대한 범행의 수사를 위하여 피고인을 경찰서로 동행하는 과정에서 위법이 있었다는 사유만으로 법원의 영장 발부에 기하여 수집된 2차적 증거의 증거능력마저 부인한다면, 이는 오히려 헌법과 형사소송법이 형사소송에 관한 절차조항을 마련하여 적법절차의 원칙과 실체적 진실 규명의 조화를 도모하고 이를 통하여 형사사법 정의를 실현하려한 취지에 반하는 결과를 초래하게 될 것이라는 점도 아울러 참작하면 법관이 발부한 압수영장에 의하여 이루어진 2차 채뇨 및 채모 절차를 통해 획득된 감정서는 모두 증거능력이 인정된다[대판 2013.3.14.
 2012도13611].

3. 사전에 구속영장을 제시하지 아니한 채 구속영장을 집행하고, 그 구속 중 수집한 피고인의 진술증거 중 피고인의 제1심 법정진술은, 피고인이 구속집행절차의 위법성을 주장하면서 청구한 구속적부심사의 심문 당시 구속영장을 제시받은 바 있어 그 이후에는 구속영장에 기재된 범죄사실에 대하여 숙지하고 있었던 것으로 보이고, 구속 이후 원심에 이르기까지 구속적부심사와 보석의 청구를 통하여 구속집행절차의 위법성만을 다투었을 뿐, 그 구속 중 이루어진 진술증거의 임의성이나 신빙성에 대하여는 전혀 다투지 않았을 뿐만 아니라, 변호인과의 충분한 상의를 거친 후 공소사실 전부에 대하여 자백한 것이라면 유죄 인정의 증거로 삼을 수 있는 예외적인 경우에 해당한다[대판 2009.4.23.
 2009도526]. [19 국가9급, 16 법원9급]*

판례 | 위법하게 압수한 증거를 환부 후 다시 임의제출받은 경우 증거능력 인정요건(제출에 임의성에 관하여는 검사가 증명해야 함)

영장 발부의 사유로 된 범죄 혐의사실과 무관한 별개의 증거를 압수하였을 경우 이는 원칙적으로 유죄 인정의 증거로 사용할 수 없다. 다만 수사기관이 별개의 증거를 피압수자 등에게 환부하고 후에 임의제출받아 다시 압수하였다면 증거를 압수한 최초의 절차 위반행위와 최종적인 증거수집 사이의 인과관계가 단절되었다고 평가할 수 있으나, 환부 후 다시 제출하는 과정에서 수사기관의 우월적 지위에 의하여 임의제출 명목으로 실질적으로 강제적인 압수가 행하여질 수 있으므로, 제출에 임의성이 있다는 점에 관하여는 검사가 합리적 의심을 배제할 수 있을 정도로 증명하여야 하고, 임의로 제출된 것이라고 볼 수 없는 경우에는 증거능력을 인정할 수 없다[대판 2016.3.10.
 2013도11233]. [22 경간부, 20 국가7급, 19 법원9급, 18 국가9급, 17 법원9급, 17 국가7급, 16 국가7급]*

5. 일반 사인의 위법수집증거

위법수집증거배제법칙은 국가기관(일반적으로 수사기관)이 위법하게 수집한 증거의 증거능력을 부정하는 법칙이다. 일반 사인이 불법적으로 수집한 증거에 대해서 이 법칙을 적용하자는 견해도 있을 수 있다. 그러나 판례는 일반 사인이 불법적으로 수집한 증거의 증거능력에 대해서는 위법수집증거배제법칙 대신에 공익(형사소추 및 형사소송에서의 진실발견)과 사익(개인의 인격적 이익 등)을 비교형량하여 결정하고 있다.

판례 | 일반사인의 불법수집 증거의 증거능력 판단기준(= 비교형량)

[1] 국민의 인간으로서의 존엄과 가치를 보장하는 것은 국가기관의 기본적인 의무에 속하는 것이고 이는 형사절차에서도 당연히 구현되어야 하는 것이지만, 국민의 사생활 영역에 관계된 모든 증거의 제출이 곧바로 금지되는 것으로 볼 수는 없으므로 법원으로서는 효과적인 형사소추 및 형사소송에서의 진실발견이라는 공익과 개인의 인격적 이익 등의 보호이익을 비교형량하여 그 허용 여부를 결정하여야 한다. [2] 이때 법원이 그 비교형량을 함에 있어서는 증거수집 절차와 관련된 모든 사정 즉, 사생활 내지 인격적 이익을 보호하여야 할 필요성 여부 및 그 정도, 증거수집 과정에서 사생활 기타 인격적 이익을 침해하게 된 경위와 그 침해의 내용 및 정도, 형사소추의 대상이 되는 범죄의 경중 및 성격, 피고인의 증거동의 여부 등을 전체적·종합적으로 고려하여야 하고, 단지 형사소추에 필요한 증거라는 사정만을 들어 곧바로 형사소송에서의 진실발견이라는 공익이 개인의 인격적 이익 등의 보호이익보다 우월한 것으로 섣불리 단정하여서는 아니 된다[대판 2013.11.28.
 2010도12244].

👮 판례 | 일반 사인의 위법수집 증거의 증거능력을 인정한 사례

1. 사문서위조·위조사문서행사 및 소송사기로 이어지는 일련의 범행에 대하여 피고인을 형사소추하기 위해서는 업무일지가 반드시 필요한 증거로 보이므로 설령 그것이 제3자에 의하여 절취된 것으로서 소송사기 등의 피해자 측이 이를 수사기관에 증거자료로 제출하기 위하여 대가를 지급하였다 하더라도 공익의 실현을 위하여는 업무일지를 범죄의 증거로 제출하는 것이 허용되어야 하고, 이로 말미암아 피고인의 사생활 영역을 침해하는 결과가 초래된다 하더라도 이는 피고인이 수인하여야 할 기본권의 제한에 해당된다[대판 2008.6.26. 2008도1584]. [19 경간부, 18 국가9급, 16 국가9급]*

2. [1] 피고인의 동의하에 촬영된 나체사진의 존재만으로 피고인의 인격권과 초상권을 침해하는 것으로 볼 수 없고 가사 사진을 촬영한 제3자가 그 사진을 이용하여 피고인을 공갈할 의도였다고 하더라도 사진의 촬영이 임의성이 배제된 상태에서 이루어진 것이라고 할 수는 없으며 그 사진은 범죄현장의 사진으로서 피고인에 대한 형사소추를 위하여 반드시 필요한 증거로 보이므로 공익의 실현을 위하여는 그 사진을 범죄의 증거로 제출하는 것이 허용되어야 하고, 이로 말미암아 피고인의 사생활의 비밀을 침해하는 결과를 초래한다 하더라도 이는 피고인이 수인하여야 할 기본권의 제한에 해당된다.
   [2] 피고인이 이 사건 범행을 부인한다거나 위 공소외인이 다른 범죄에 제공하기 위하여 사진을 촬영하였고 사진 촬영 당시 피고인이 무의식 상태에 있었다고 다투는 것은 사진의 증명력을 다투는 취지에 불과하여 의사표시의 효력과는 무관하며, 피고인이 이 사건 사진의 촬영일자 부분에 대하여 조작된 것이라고 다툰다고 하더라도 이 부분은 전문증거에 해당되어 별도로 증거능력이 있는지를 살펴보면 족한 것이므로, 원심과 같이 피고인의 변소에 비추어 위 증거동의의 의사표시가 단순히 사진 속의 인물이 피고인이 맞다는 취지의 진술에 불과하다고 단정할 수는 없다 할 것이고, 피고인이 원심에 이르러 증거동의를 철회하였다고 하더라도 증거조사를 마친 후의 증거에 대하여는 동의의 철회로 인하여 적법하게 부여된 증거능력이 상실되는 것이 아니므로, 이 사건 사진이 진정한 것으로 인정되는 한 이로써 이 사건 사진은 증거능력을 취득한 것이라 할 것이다[대판 1997.9.30. 97도1230].104) [23 경간부]*

3. 시청 소속 공무원인 제3자가 권한 없이 전자우편에 대한 비밀 보호조치를 해제하는 방법을 통하여 전자우편을 수집(정보통신망법위반 행위)했다고 하더라도, 공직선거법위반죄(공무원의 지위를 이용한 선거운동행위)는 중대한 범죄에 해당할 뿐만 아니라 피고인이 전자우편을 증거로 함에 동의한 점 등을 종합하면, 전자우편을 증거로 제출하는 것은 허용되어야 할 것이고 이로 말미암아 피고인의 사생활의 비밀이나 통신의 자유가 일정 정도 침해되는 결과를 초래한다 하더라도 이는 피고인이 수인하여야 할 기본권의 제한에 해당한다[대판 2013.11.28. 2010도12244]. [20 법원9급, 19 경간부, 16 법원9급]*

4. 피고인들 사이의 간통 범행을 고소한 피고인 甲의 남편 乙이 甲의 주거에 침입하여 수집한 후 수사기관에 제출한 혈흔이 묻은 휴지들 및 침대시트를 목적물로 하여 이루어진 감정의뢰회보에 대하여, 乙이 甲의 주거에 침입한 시점은 甲이 그 주거에서의 실제상 거주를 종료한 이후이고, 감정의뢰회보는 피고인들에 대한 형사소추를 위하여 반드시 필요한 증거라 할 것이므로 공익의 실현을 위해서 감정의뢰회보를 증거로 제출하는 것이 허용되어야 한다[대판 2010.9.9. 2008도3990].

---

104) 대법원은 위 사안에서 사진의 촬영일자가 나타난 부분은 전문증거에 해당하여 전문법칙이 적용되지만, 사진 전체에 대해서는 비진술증거로 판단한 것으로 보인다.

Ⅰ 의의

1. 전문증거의 의의

(1) 전문증거의 개념

전문증거란 사실인정의 기초가 되는 경험한 자의 진술이 서면이나 타인의 진술의 형식으로 간접적으로 법원에 전달되는 경우 그 서면이나 타인의 진술을 말한다.

(2) 전문증거의 종류

유형		의의
전문진술(전문증언)		요증사실을 직접 경험한 자로부터 그 경험내용을 전해들은 자가 그 내용을 법원에 진술할 때 그 진술을 말한다.
전문서류	각종 조서	요증사실을 직접 경험한 자로부터 전해들은 내용을 법원이나 수사기관이 서면에 기재하는 경우 그 서면을 말한다(예 법관의 면전조서, 피의자신문조서, 참고인진술조서). 다만, 수사과정에서 작성된 서면은 그 명칭과 무관하게 수사기관이 작성한 조서로 인정된다(예 검사단계의 피의자의 진술서 = 검사작성 피의자신문조서, 사경단계의 피의자의 진술서 = 사경작성 피의자신문조서, 검사단계의 참고인 진술서 = 검사작성 참고인진술조서, 사경단계의 참고인진술서 = 사경작성 참고인진술조서).
	진술서	요증사실을 직접 경험한 자가 법정 및 수사기관 외에서[105] 자신의 경험내용을 스스로 서면에 기재한 경우 그 서면을 말한다. 이 경우 서면을 기재한 자의 지위는 불문한다(예 피의자, 피고인 또는 일반 제3자의 자술서, 일기장).
	진술녹취서	요증사실을 직접 경험한 자의 법정 및 수사기관 외에서의 진술을 (법원·수사기관 이외의) 타인이 서면에 기재한 경우 그 서면을 말한다(예 강간사건의 피해자의 진술을 성범죄피해자구조단체의 구성원이 서면에 기재한 경우 그 서면).

2. 전문법칙의 의의와 근거

(1) 의의

전문증거의 증거능력을 부정하는 증거법칙을 전문법칙이라고 한다. 형사소송법 제310조의2는 '제311조 내지 제316조에 규정한 것 이외에는 공판준비 또는 공판기일에서의 진술에 대신하여 진술을 기재한 서류(전문서류)나 공판준비 또는 공판기일 외에서의 타인의 진술을 내용으로 하는 진술(전문진술)은 이를 증거로 할 수 없다'라고 규정하고 있다.

(2) 전문법칙의 이론적 근거[106]

1) 반대신문권 결여

전문증거는 원진술의 진실성을 당사자의 반대신문으로 음미할 수 없기 때문에 증거능력이 부정된다고 보는 견해이다.

---

105) 장소적 의미가 아니라 '공판(준비)과정이나 수사과정과 무관하게…'라는 의미이다.
106) 이론적 근거보다는 전문법칙의 예외규정의 요건이 중요하다.

2) 신용성 결여

전문증기의 경우 전달과정에서 오류나 와전의 가능성이 많고, 선서의 결여로 신용성이 희박하여 증거능력이 부정된다고 보는 견해이다.

3) 직접주의 요청

법관은 공판정에서 직접 조사한 '원본증거'에 의하여야 심증형성을 형성하여야 하는데, 전문증거는 이러한 직접주의에 반하기 때문에 증거능력이 부정된다고 보는 견해이다.

> **⚖ 판례 | 전문법칙을 규정한 제310조의2 규정의 목적(직접주의 보장 및 반대신문권 보장)**
>
> 형사소송법은 제161조의2에서 피고인의 반대신문권을 포함한 교호신문제도를 규정함과 동시에, 제310조의2에서 법관의 면전에서 진술되지 아니하고 피고인에 의한 반대신문의 기회가 부여되지 아니한 진술에 대하여는 원칙적으로 증거능력을 부여하지 아니함으로써, 형사재판에 있어서 모든 증거는 법관의 면전에서 진술·심리되어야 한다는 직접주의와 피고인에게 불리한 증거에 대하여는 반대신문할 수 있는 권리를 원칙적으로 보장하고 있다[대판 2001.9.14. 2001도1550].

3. 전문법칙의 적용범위

(1) 적용요건

1) 진술증거

전문법칙은 진술증거(전문서류 및 전문진술)에 대하여만 적용되며 비진술증거에는 적용되지 않는다(제310조의2).

> **⚖ 판례 | 비진술증거로서 전문법칙이 적용되지 않는 경우**
>
> 1. **(일정한 내용의 문건이 존재하는 것 자체가 증거가 되는 경우)** 반국가단체로부터 지령을 받고 국가기밀을 탐지·수집하였다는 공소사실과 관련하여 수령한 지령 및 탐지·수집하여 취득한 국가기밀이 문건의 형태로 존재하는 경우나 편의제공의 목적물이 문건인 경우 등에는, 문건 내용의 진실성이 문제되는 것이 아니라 그러한 내용의 문건이 존재하는 것 자체가 증거가 되는 것으로서 공소사실에 대하여는 전문법칙이 적용되지 않는다[대판 2013.7.26. 2013도2511].
>
>   **동지판례** **(부수법상 부도수표발행의 공소사실을 증명하기 위하여 제출된 지급거절된 수표)** 피고인이 수표를 발행하였으나 예금부족 또는 거래정지처분으로 지급되지 아니하게 하였다는 부정수표단속법위반의 공소사실을 증명하기 위하여 제출되는 수표는 그 서류의 존재 또는 상태 자체가 증거가 되는 것이어서 증거물인 서면에 해당하고 어떠한 사실을 직접 경험한 사람의 진술에 갈음하는 대체물이 아니므로, 그 증거능력은 증거물의 예에 의하여 판단하여야 하고, 이에 대하여는 형사소송법 제310조의2에서 정한 전문법칙이 적용될 여지가 없다[대판 2015.4.23. 2015도2275]. [22 경간부, 20 법원9급, 19 경찰채용, 19 국가7급, 17 법원9급, 17 국가7급, 17 경간부, 16 변호사, 16 국가7급]*
>
> 2. **(공포심 등을 유발하는 글을 반복하여 도달하게 하였다는 정보통신망법위반의 공소사실을 증명하기 위하여 제출된 휴대전화기에 저장된 문자정보)** 형사소송법 제310조의2는 사실을 직접 경험한 사람의 진술이 법정에 직접 제출되어야 하고 이에 갈음하는 대체물인 진술 또는 서류가 제출되어서는 안 된다는 이른바 전문법칙을 선언한 것이다. 그런데 정보통신망을 통하여 공포심이나 불안감을 유발하는 글을 반복적으로 상대방에게 도달하게 하는 행위를 하였다는 공소사실에 대하여 휴대전화기에 저장된 문자정보가 그 증거가 되는 경우, 그 문자정보는 범행의 직접적인 수단이고 경험자의 진술에 갈음하는 대체물에 해당하지 않으므로, 형사소송법 제310조의2에서 정한 전문법칙이 적용되지 않는다[대판 2008.11.13. 2006도2556]. [22 경간부, 20 변호사, 20 경찰승진, 20 경찰채용, 19 변호사, 19 경간부, 19 경찰채용, 19 국가7급, 18 경찰승진, 18 경간부, 18 국가9급, 17 국가7급, 17 국가9급, 16 법원9급, 16 국가7급, 16 경찰채용]*
>
> 3. **(피해자의 상해부위를 촬영한 사진)** 피해자의 상해부위를 촬영한 사진은 비진술증거로서 전문법칙이 적용되지 않으므로, 위 사진이 진술증거임을 전제로 전문법칙이 적용되어야 한다는 취지의 상고이유의 주장은 받아들일 수 없다[대판 2007.7.26. 2007도3906]. [22 경간부]*

2) 타인의 진술을 내용으로 하는 진술이 전문증거인지 여부를 판단하는 기준

원진술의 '내용인 사실이(진실인지 여부가)' 요증사실인 경우에는 전문증거로서 전문법칙이 적용된다. 원진술의 '존재자체가' 요증사실인 경우에는 원본증거에 해당하고 전문증거가 아니므로 전문법칙이 적용되지 않는다.

⚖ 판례 | 전문증거의 판단기준

1. [1] 타인의 진술을 내용으로 하는 진술이 전문증거인지는 요증사실과 관계에서 정하여지는데, 원진술의 내용인 사실이 요증사실인 경우에는 전문증거이나, 원진술의 존재 자체가 요증사실인 경우에는 본래증거이지 전문증거가 아니다. [19 변호사, 19 국가급, 18 국가9급]*
   [2] A가 "甲으로부터 '1,500억원 네가 원하는 대로 다 얘기해라. 乙에게 얘기해 놨다. 선지급에 대해서도 다 말해 놨다'는 말을 들었다."는 취지로 진술한 경우, A의 진술로 증명하고자 하는 사실이 '甲이 위와 같은 내용의 말을 하였다'는 것이라면 이는 본래증거에 해당하고, A의 진술로 증명하고자 하는 사실이 甲 진술의 진실성, 즉 '실제로 甲이 乙로부터 펀드 출자 및 선지급에 관하여 승낙을 받았는지 여부'라면 이는 전문증거에 해당한다[대판 2014.2.27. 2013도12155].

2. [1] 어떤 진술을 범죄사실에 대한 직접증거로 사용할 때에는 그 진술이 전문증거가 된다고 하더라도 그와 같은 진술을 하였다는 것 자체로 사용할 때에는 반드시 전문증거가 되는 것은 아니다.
   [2] 피고인 또는 피고인 아닌 사람의 진술을 녹음한 녹음파일은 실질에 있어서 피고인 또는 피고인 아닌 사람이 작성한 진술서나 그 진술을 기재한 서류와 크게 다를 바 없어 그 녹음파일에 담긴 진술 내용의 진실성이 증명의 대상이 되는 때에는 전문법칙이 적용된다고 할 것이나, 녹음파일에 담긴 진술 내용의 진실성이 아닌 그와 같은 진술이 존재하는 것 자체가 증명의 대상이 되는 경우에는 전문법칙이 적용되지 아니한다[대판(전) 2015.1.22. 2014도10978]. [22 경찰채용]*

3. 어떤 진술이 기재된 서류가 그 내용의 진실성이 범죄사실에 대한 직접증거로 사용될 때는 전문증거가 된다고 하더라도, 그와 같은 진술을 하였다는 것 자체 또는 그 진술의 진실성과 관계없는 간접사실에 대한 정황증거로 사용될 때는 반드시 전문증거가 되는 것은 아니다[대판 2018.5.15. 2017도19499]. [18 경찰승진, 17 경간부, 16 국가9급]* 그러나 어떠한 내용의 진술을 하였다는 사실 자체에 대한 정황증거로 사용될 것이라는 이유로 서류의 증거능력을 인정한 다음 그 사실을 다시 진술 내용이나 그 진실성을 증명하는 간접사실로 사용하는 경우에 그 서류는 전문증거에 해당한다. 서류가 그곳에 기재된 원진술의 내용인 사실을 증명하는 데 사용되어 원진술의 내용인 사실이 요증사실이 되기 때문이다. 이러한 경우 형사소송법 제311조부터 제316조까지 정한 요건을 충족하지 못한다면 증거능력이 없다[대판(전) 2019.8.29. 2018도2738]. [대판(전) 2019.8.29. 2018도14303]. [23 경간부, 22 경찰채용]*

⚖ 판례 | 원본증거(본래증거)에 해당하는 경우

1. A가 "피고인으로부터 '건축허가 담당 공무원이 외국연수를 가므로 사례비를 주어야 한다'는 말과 '건축허가 담당 공무원이 4,000만원을 요구하는데 사례비로 2,000만원을 주어야 한다'는 말을 들었다."는 취지로 진술한 경우, 피고인의 위와 같은 원진술의 존재 자체가 알선수재죄에 있어서의 요증사실이므로 이를 직접 경험한 A가 피고인으로부터 위와 같은 말들을 들었다고 하는 진술들은 전문증거가 아니라 본래증거에 해당된다[대판 2008.11.13. 2008도8007].

2. 피해자 A 등이 제1심 법정에서 "피고인이 88체육관 부지를 공시지가로 매입하게 해 주고 KBS와의 시설이주 협의도 2개월 내로 완료하겠다고 말하였다."고 진술한 경우, 피고인의 위와 같은 원진술의 존재 자체가 사기죄 또는 변호사법 위반죄에 있어서의 요증사실이므로 이를 직접 경험한 A 등이 피고인으로부터 위와 같은 말을 들었다고 하는 진술은 전문증거가 아니라 본래증거에 해당한다[대판 2012.7.26. 2012도2937].

---

(2) 전문법칙이 적용되지 않는 경우

1) 원진술의 존재자체가 요증사실인 경우

① 원진술의 '존재 자체'가 요증사실인 경우의 진술은 원본증거이며 전문증거가 아니므로 전문법칙이 적용되지 않는다.

② 예컨대 "甲이 A를 살해하는 것을 보았다."는 乙의 말(원진술)을 들은 丙이 그 사실을 증언하는 경우, 丙의 증언은 甲의 살인사건에서는 전문증거가 되지만 乙의 명예훼손사건에서는 원본증거가 되는 것이다.

2) 정황증거에 사용된 언어

① 전문진술이 원진술자의 심리적·정신적 상황을 증명하기 위한 증거로 사용된 경우에는 진문증거가 아니므로 전문법칙은 적용되지 않는다.

② 예컨대 피고인 甲의 정신이상을 증명하기 위하여, 甲이 살인을 저지르면서 "나는 신이다."라고 한 말을 들은 乙이 그 말을 제출한 경우가 이에 해당한다.

> **⚖ 판례 | 전문증거에 해당되지 않는 경우**
>
> 1. 어떤 진술을 범죄사실에 대한 직접증거로 사용할 때에는 그 진술이 전문증거가 된다고 하더라도 <u>그 진술의 진실성과 관계없는 간접사실에 대한 정황증거로 사용할 때에는 반드시 전문증거가 되는 것은 아니다</u>[대판(전) 2015.1.22.
2014도10978].
> 2. A가 진술 당시 술에 취하여 횡설수설 이야기한 것인지 여부를 확인하기 위하여 법원에 제출된 A의 진술이 녹음된 녹음테이프는 원본증거에 해당하며 전문증거에 해당하지 아니한다[대판 2008.7.10.
2007도10755].
>
> **기출지문** A가 진술 당시 술에 취하여 횡설수설하였다는 것을 확인하기 위하여 제출된 A의 진술이 녹음된 녹음테이프는 전문증거에 해당한다. (×)

3) 언어적 행동

① 원진술자의 행위의 의미를 설명하기 위하여 원진술자의 행위당시의 진술을 증거로 제출한 경우를 말한다. 이는 원진술자의 말을 비진술증거로 사용하는 것으로서 전문법칙이 적용되지 않는다.

② 예컨대 甲이 乙을 껴안은 것이 폭행인지 우정의 표현인지를 설명하기 위하여 그 당시에 甲이 한 진술(예 사랑해! 또는 이 씨팔놈아!)을 증거로 제출하는 경우가 이에 해당한다.

4) 탄핵증거로 사용된 증거

'사실을 증명하기 위하여' 제출된 진술증거의 경우 전문법칙이 적용된다. 그러나 탄핵증거는 '증거의 증명력을 다투기 위한 것'이므로 증거를 탄핵하기 위하여 진술증거가 제출되었다고 하더라도 전문법칙이 적용되지 않는다.

5) 증거동의

당사자가 증거로 함에 동의한 때에는 전문법칙이 적용되지 않는다.

Ⅱ 전문법칙의 예외

1. 예외인정의 필요성

전문법칙을 엄격히 적용하면 재판의 지연을 초래할 수 있고 명백한 범인을 처벌하지 못하는 불합리한 결과가 발생한다. 따라서 실체진실의 발견과 소송경제를 위하여 전문증거라도 증거능력을 인정할 필요성이 인정된다.

2. 예외인정의 일반적 기준

(1) 신용성의 정황적 보장

원진술자의 진술당시 여러 정황에 비추어 보았을 때 진술의 진실성을 담보할 수 있는 경우를 말한다. 즉, 공판정에서 상대방에게 원진술자에 대한 반대신문의 기회를 주지 않더라도 진술 당시의 상황에 비추어 허위개입의 위험성이 없는 경우를 말한다.

(2) 필요성

원진술과 같은 가치의 증거를 얻는 것이 어렵기 때문에 진실발견을 위하여 어쩔 수 없이 전문증거라도 사용해야 할 필요가 있는 경우를 말한다.

Ⅲ 전문법칙의 예외규정

▶ 전문법칙의 예외인정을 위한 각종 요건의 개념

적법한 절차와 방식에 따라 작성된 것	수사기관의 조서작성이 적법절차와 방식에 따라 작성된 것일 것[107]
실질적 진정성립	서면의 기재내용이 진술자가 진술내용과 동일하다는 것
내용의 인정	조서의 성립의 진정(실질적 진정성립)뿐만 아니라, 조서의 기재내용이 실제 사실에 부합한다는 것, 즉 조서에 기재된 내용의 진실성을 인정하는 것
필요성	성립의 진정에 관한 진술을 하여야 할 자가 사망 등의 사유로 공판정에서 진술할 수 없는 때를 의미
특신상태	진술내용이나 조서 또는 서류의 작성에 허위개입의 여지가 거의 없고 그 진술내용의 신용성이나 임의성을 담보할 구체적이고 외부적인 정황이 있는 경우를 말한다(판례).

1. 법원 또는 법관의 면전조서 – (제311조)

제311조(법원 또는 법관의 조서) 공판준비 또는 공판기일에 피고인이나 피고인 아닌 자의 진술을 기재한 조서와 법원 또는 법관의 검증의 결과를 기재한 조서는 증거로 할 수 있다. 제184조 및 제221조의2의 규정에 의하여 작성한 조서도 또한 같다. [22 경간부, 20 경간부, 18 경찰승진, 18 국가9급]*

(1) 제311조의 취지

① 법원 또는 법관의 면전조서는 그 성립이 진정하고 신용성의 정황적 보장이 높기 때문에 당연히 증거능력이 인정된다(제311조). 공판준비조서, 공판조서, 증인신문조서, 검증조서 그리고 증거보전절차나 증인신문절차에서 작성된 조서가 이에 해당한다. [22 경간부]*

② '공판조서'는 상소심에 있어서 원심의 공판조서, 공판절차갱신 전의 공판조서, 이송된 사건의 이송 전의 공판조서 등을 말한다.[108] [22 경간부]*

⚖️ 판례 | 공판조서의 증거능력 인정근거

1. **(당해 피고사건의 공판조서)** 피고인이나 피고인 아닌 자의 진술을 기재한 당해 사건의 공판조서는 형사소송법 제311조 전문의 규정에 의하여 당연히 증거능력이 있다[대판 2003.10.10. 2003도3282].

2. **(다른 피고사건의 공판조서)** 다른 피고인에 대한 형사사건의 공판조서는 형사소송법 제315조 제3호에 정한 서류(특히 신용할 만한 정황에 의하여 작성된 문서)로서 당연히 증거능력이 있다[대판 2005.4.28. 2004도4428]. [20 변호사, 20 국가7급, 19 경찰승진, 17 법원9급, 17 경찰채용, 16 변호사]*

---

107) '조서의 서명 또는 날인 등이 진술자의 것과 일치할 것'을 포함하고 있는 요건이다. 과거에는 이를 '형식적 진정성립'이라는 명칭을 붙여서 다음에서 보는 '실질적 진정성립'과 구별하였으나, 현재는 형식적 진정성립의 요건이 '적법절차와 방식에 따라 작성될 것'이라는 요건 속에 포함되게 되어 전문법칙의 예외요건의 규정에서 말하는 '성립의 진정'은 '실질적 진정성립만을 의미하는 것으로 이해하여야 한다.
108) 공판기일에 피고인이 행한 진술과 피고인 아닌 자(증인)의 진술은 그 자체가 본래증거이기 때문에 전문법칙이 적용되지 않는다. [22 경간부]*

📖 판례 | 법원이 실시한 녹음테이프에 대한 검증과 증거능력 인정요건

[1] 수사기관이 아닌 사인이 피고인 아닌 자와의 전화대화를 녹음한 녹음테이프에 대하여 법원이 실시한 검증의 내용이 녹음테이프에 녹음된 전화대화의 내용이 검증조서에 첨부된 녹취서에 기재된 내용과 같다는 것에 불과한 경우에는 증거자료가 되는 것은 여전히 녹음테이프에 녹음된 대화 내용이므로, 그중 피고인 아닌 자의 대화의 내용은 실질적으로 형사소송법 제311조, 제312조 규정 이외의 피고인 아닌 자의 진술을 기재한 서류와 다를 바 없어서, 피고인이 그 녹음테이프를 증거로 할 수 있음에 동의하지 않은 이상 그 녹음테이프 검증조서의 기재 중 피고인 아닌 자의 진술내용을 증거로 사용하기 위해서는 형사소송법 제313조 제1항에 따라 공판준비나 공판기일에서 원진술자의 진술에 의하여 그 녹음테이프에 녹음된 진술내용이 자신이 진술한 대로 녹음된 것이라는 점이 인정되어야 한다.

[2] 녹음테이프에 대한 검증의 내용이 그 진술 당시 진술자의 상태 등을 확인하기 위한 것인 경우에는, 녹음테이프에 대한 검증조서의 기재 중 진술내용을 증거로 사용하는 경우에 관한 위 법리는 적용되지 아니하고, 따라서 위 검증조서는 법원의 검증의 결과를 기재한 조서로서 형사소송법 제311조에 의하여 당연히 증거로 할 수 있다[대판 2008.7.10, 2007도10755]. [22 경찰채용, 18 변호사, 18 경간부, 16 국가9급]*

판례해설 A가 진술 당시 술에 취하여 횡설수설 이야기한 것인지 여부를 확인하기 위하여 1심법원에 제출된 A의 진술이 녹음된 녹음테이프는 원본증거에 해당한다. 따라서 항소심이 녹음테이프에 대한 검증을 실시하고 그 결과(녹음 당시 A의 발음이 전체적으로는 뚜렷하였고 목소리 자체가 횡설수설하는 것 같지는 않았다)를 증거로 채택하여 A가 진술 당시 술에 취하여 횡설수설한 것으로 보이지 않는다고 판단한 것은 채증법칙의 위반이라고 볼 수 없다는 취지의 판례이다.

📖 판례 | 제311조에 의한 증거능력을 인정할 수 없는 경우

증인신문조서가 증거보전절차에서 피고인이 증인으로서 증언한 내용을 기재한 것이 아니라 증인 甲의 증언내용을 기재한 것이고 다만 피의자였던 피고인이 당사자로 참여하여 자신의 범행 사실을 시인하는 전제하에 위 증인에게 반대신문한 내용이 기재되어 있을 뿐이라면 위 조서는 공판준비 또는 공판기일에 피고인 등의 진술을 기재한 조서도 아니고 반대신문 과정에서 피의자가 한 진술에 관한 한 형사소송법 제184조에 의한 증인신문조서도 아니므로 위 조서 중 피의자의 진술기재 부분에 대하여는 형사소송법 제311조에 의한 증거능력을 인정할 수 없다[대판 1984.5.15, 84도508]. [22 경간부, 18 경찰승진, 16 경찰채용]*

2. 검사 작성 피의자신문조서 - (제312조 제1항)

(1) 검사 작성 피의자신문조서의 범위

📖 판례 | 검사 작성 조서라고 할 수 있는 경우

1. 검사가 피의사실에 관하여 전반적 핵심적 사항을 질문하고 이를 토대로 신문에 참여한 검찰주사보가 직접 문답하여 작성한 피의자신문조서의 경우[대판 1984.7.10, 84도846.]

   비교판례 (검사작성 피신조서라고 할 수 없는 경우) i) 검찰주사가 담당 검사가 임석하지 아니한 상태에서 피의자를 신문한 후 작성한 피의자신문조서 (다만, 검사는 조사가 끝난 후 피의자에게 "이것이 모두 사실이냐"는 취지로 개괄적으로 질문만 했을 뿐임)[대판 2003.10.9, 2002도4372] [19 경간부, 17 경찰채용]* ii) 검찰주사가 담당 검사가 임석하지 않은 상태에서 피의자였던 피고인을 신문한 끝에 작성한 피의자신문조서 (다만, 검사는 그 당시 피의자와 검찰주사와의 언쟁에 대해서만 몇 마디 말을 했다고 진술하고 있음) [대판 2007.7.13, 2007도3633.]

2. 사법연수생인 검사 직무대리가 검찰총장으로부터 명 받은 범위 내에서 법원조직법에 의한 합의부의 심판사건에 해당하지 아니하는 사건에 관하여 검사의 직무를 대리하여 피고인에 대한 피의자신문조서를 작성할 경우, 그 피의자신문조서는 형사소송법 제312조 제1항의 요건을 갖추고 있는 한 당해 지방검찰청 또는 지청 검사가 작성한 피의자신문조서와 마찬가지로 그 증거능력이 인정된다[대판 2010.4.15, 2010도1107.].

   비교판례 검사직무대리자는 법원조직법에 규정된 합의부의 심판사건에 관하여서는 기소, 불기소 등의 최종적 결정을 할 수 없음은 물론 수사도 할 수 없으므로 검사직무대리자가 작성한 합의부사건의 피고인에 대한 피의자신문조서는 증거로 할 수 없다 [대판 1978.2.28, 78도49.].

⚖️ 판례 | 검사 작성 조서라고 할 수 없는 경우

검찰에 송치되기 전에 구속피의자로부터 받은 검사 작성의 피의자신문조서는 극히 이례에 속하는 것으로 그렇게 했어야 할 특별한 사정이 보이지 않는 한 송치 후에 작성된 피의자신문조서와 마찬가지로 취급하기는 어렵다[대판 1994.8.9. 94도1228]. [18 변호사, 16 경간부]*

(2) 증거능력의 인정요건

1. 적법절차와 방식	2. 내용인정

검사가 작성한 피의자신문조서는 적법한 절차와 방식에 따라 작성된 것으로서 공판준비, 공판기일에 그 피의자였던 피고인 또는 변호인이 그 내용을 인정할 때에 한정하여 증거로 할 수 있다(제312조 제1항). 본 조항은 2022년 1월 1일부터 시행한다(대통령령 제31091호).

⚖️ 판례 | 형사소송법 제312조 제1항에서 정한 '검사가 작성한 피의자신문조서'에 당해 피고인과 공범관계에 있는 다른 피고인이나 피의자에 대하여 검사가 작성한 피의자신문조서도 포함되는지 여부(적극)

[1] 2020.2.4. 법률 제16924호로 개정되어 2022.1.1.부터 시행된 형사소송법 제312조 제1항은 검사가 작성한 피의자신문조서의 증거능력에 대하여 '적법한 절차와 방식에 따라 작성된 것으로서 공판준비, 공판기일에 그 피의자였던 피고인 또는 변호인이 그 내용을 인정할 때에 한정하여 증거로 할 수 있다'고 규정하였다. 여기서 '그 내용을 인정할 때'라 함은 피의자신문조서의 기재 내용이 진술 내용대로 기재되어 있다는 의미가 아니고 그와 같이 진술한 내용이 실제 사실과 부합한다는 것을 의미한다[대판 2023.4.27. 2023도2102].

[2] 형사소송법 제312조 제1항에서 정한 '검사가 작성한 피의자신문조서'란 당해 피고인에 대한 피의자신문조서만이 아니라 당해 피고인과 공범관계에 있는 다른 피고인이나 피의자에 대하여 검사가 작성한 피의자신문조서도 포함되고, 여기서 말하는 '공범'에는 형법 총칙의 공범 이외에도 서로 대향된 행위의 존재를 필요로 할 뿐 각자의 구성요건을 실현하고 별도의 형벌 규정에 따라 처벌되는 강학상 필요적 공범 또는 대향범까지 포함한다. 따라서 피고인이 자신과 공범관계에 있는 다른 피고인이나 피의자에 대하여 검사가 작성한 피의자신문조서의 내용을 부인하는 경우에는 형사소송법 제312조 제1항에 따라 유죄의 증거로 쓸 수 없다[대판 2023.6.1. 2023도3741].

⚖️ 판례 | 형사소송법 제312조에 규정된 '적법한 절차와 방식'의 의미

형사소송법 제312조 제4항에 규정된 '적법한 절차와 방식'이라 함은 피의자 또는 제3자에 대한 조서 작성과정에서 지켜야 할 진술거부권의 고지 등 형사소송법이 정한 제반절차를 준수하고 조서의 작성방식에도 어긋남이 없어야 한다는 것을 의미한다[대판 2012.5.24. 2011도7757].

> **판례 | 적법한 절차와 방식에 따라 작성되지 않아 증거능력이 부정되는 경우**
>
> 1. 조서말미에 피고인의 서명만이 있고, 그 날인(무인 포함)이나 간인이 없는109) 검사 작성의 피고인에 대한 피의자신문조서는 증거능력이 없다고 할 것이고, 그 날인이나 간인이 없는 것이 피고인이 그 날인이나 간인을 거부하였기 때문이어서 그러한 취지가 조서말미에 기재되었다거나, 피고인이 법정에서 그 피의자신문조서의 임의성을 인정하였다고 하여 달리 볼 것은 아니다[대판 1999.4.13. 99도237]. [20 경찰승진, 20 경간부, 18 국가9급, 16 변호사]*
>
> 2. 검사 작성의 피의자신문조서에 작성자인 검사의 서명·날인이 되어 있지 아니한 경우110) 그 피의자신문조서는 공무원이 작성하는 서류로서의 요건을 갖추지 못한 것으로서 형사소송법 제57조 제1항에 위반되어 무효이고 따라서 이에 대하여 증거능력을 인정할 수 없다고 보아야 할 것이며, 그 피의자신문조서에 진술자인 피고인의 서명·날인이 되어 있다거나 피고인이 법정에서 그 피의자신문조서에 대하여 진정성립과 임의성을 인정하였다고 하여 달리 볼 것은 아니다[대판 2001.9.28. 2001도4091]. [18 경찰채용, 16 국가7급]*

3. 사법경찰관 등 작성 피의자신문조서 – (제312조 제3항)

(1) 증거능력 인정요건

1. 적법절차와 방식	2. 내용인정

① 검사 이외의 수사기관111)(사법경찰관)이 작성한 피의자신문조서는 적법한 절차와 방식에 따라 작성된 것으로서 공판준비 또는 공판기일에 그 피의자였던 피고인 또는 변호인이 그 내용을 인정할 때에 한하여 증거로 할 수 있다(제312조 제3항). [20 경찰채용, 19 경찰승진, 18 경찰승진, 18 경간부, 18 경찰채용, 17 경찰승진, 17 경찰채용, 16 경찰승진]*

> **판례 | 형사소송법 제312조 제3항의 '검사 이외의 수사기관'에 해당하는 경우**
>
> 1. [1] 형사소송법 제312조 제3항의 '검사 이외의 수사기관'에는 달리 특별한 사정이 없는 한 외국의 권한 있는 수사기관도 포함된다고 봄이 상당하다. [2] 미국 범죄수사대(CID), 연방수사국(FBI)의 수사관들이 작성한 수사보고서 및 피고인이 위 수사관들에 의한 조사를 받는 과정에서 작성하여 제출한 진술서는 피고인이 그 내용을 부인하는 이상 증거로 쓸 수 없다[대판 2006.1.13. 2003도6548]. [19 경찰승진, 17 경찰채용]*
>
> 2. 사법경찰관사무취급이 작성한 피의자신문조서, 참고인 진술조서, 압수조서는 형사소송법 제196조 제2항[현행법 197조 제2항], 사법경찰관리집무규칙 제2조에 의하여 사법경찰관리가 사법경찰관의 지휘를 받고 조사사무를 보조하기 위하여 작성한 서류이므로 이를 권한 없는 자가 작성한 조서라고 할 수 없다[대판 1981.6.9. 81도1357].

---

109) 제244조(피의자신문조서의 작성) ③ 피의자가 조서에 대하여 이의나 의견이 없음을 진술한 때에는 피의자로 하여금 그 취지를 자필로 기재하게 하고 조서에 간인한 후 기명날인 또는 서명하게 한다.

110) 제57조(공무원의 서류) ① 공무원이 작성하는 서류에는 법률에 다른 규정이 없는 때에는 작성 연월일과 소속공무소를 기재하고 기명날인 또는 서명하여야 한다.

111) 사법경찰관, 검찰수사기관, 검찰사무관, 국가정보원 직원 등도 포함된다. 이하 사법경찰관이라고 칭한다.

② 적법한 절차와 방식

> **⚖ 판례 | 적법한 절차와 방식의 흠결로 사경 작성 피신조서의 증거능력이 인정되지 않는 경우**
>
> 비록 사법경찰관이 피의자에게 진술거부권을 행사할 수 있음을 알려 주고 그 행사 여부를 질문하였다 하더라도, 형사소송법 제244조의3 제2항에 규정한 방식에 위반하여 진술거부권 행사 여부에 대한 피의자의 답변이 자필로 기재되어 있지 아니하거나 그 답변 부분에 피의자의 기명날인 또는 서명이 되어 있지 아니한 사법경찰관 작성의 피의자신문조서는 특별한 사정이 없는 한 형사소송법 제312조 제3항에서 정한 '적법한 절차와 방식'에 따라 작성된 조서라 할 수 없으므로 그 증거능력을 인정할 수 없다[대판 2013.3.28. 2010도3359]. [20 경찰승진, 20 국가9급, 20 법원9급, 20 경찰채용, 19 법원9급, 18 경찰채용, 17 국가9급, 16 국가9급]*

③ 내용의 인정의 의미

> **⚖ 판례 | 형사소송법 제312조 제3항 소정의 '내용을 인정할 때'의 의미(= 피의자신문조서의 기재 내용이 실제사실과 부합한다는 것을 인정)**
>
> 형사소송법 제312조 제3항의 '그 내용을 인정할 때'라 함은 피의자신문조서의 기재 내용이 진술내용대로 기재되어 있다는 의미가 아니고 그와 같이 진술한 내용이 실제사실과 부합한다는 것을 의미한다[대판 2013.3.28. 2010도3359]. [20 경찰승진, 18 경찰채용, 16 경찰채용]*

> **⚖ 판례 | 공소사실의 부인 또는 증거부동의가 내용을 인정하지 않는 것인지의 여부(적극)**
>
> 1. 공소사실이 최초로 심리된 공판기일부터 피고인이 공소사실을 일관되게 부인하여 경찰 작성 피의자신문조서의 진술 내용을 인정하지 않는 경우, 공판기일에 피고인이 서증의 내용을 인정한 것으로 공판조서에 기재된 것은 착오 기재 등으로 보아 피의자신문조서의 증거능력을 부정하여야 한다[대판 2013.3.28. 2010도3359]. [20 경찰채용, 19 경찰승진]*
> 2. 사법경찰리 작성의 피의자신문조서등본은 피고인이나 그 변호인이 증거로 함에 동의하지 아니한 서류인 것이 분명한바 이는 그 내용을 인정하지 않는다는 취지와 같은 것이다[대판 1996.7.12. 96도667].
> 3. 피고인이 검찰 이래 원심(제2심) 법정에 이르기까지 사법경찰리 앞에서의 자백이 허위였다고 일관되게 진술하고 있다면 결국 사법경찰리 작성의 피의자신문조서의 진술내용을 인정하지 않는 것이라고 보아야 한다[대판 1995.5.23. 94도1735].

> **⚖ 판례 | 당해 피고인이 내용을 부인한 경우 - 피고인을 조사한 경찰관이 성립의 진정을 인정하여도 - 사경 작성 피신조서는 증거능력이 인정되지 않음**
>
> 피고인이 당해 공소사실에 대하여 법정에서 부인한 경우에는 사법경찰리 작성의 피의자신문조서의 내용을 인정하지 아니한 것이므로 그 피의자신문조서의 기재는 증거능력이 없고, 이러한 경우 피고인을 조사하였던 경찰관이 법정에 나와 "피고인의 진술대로 조서가 작성되었고, 작성 후 피고인이 조서를 읽어보고 내용을 확인한 후 서명·무인하였으며, 피고인이 내용의 정정을 요구한 일은 없었다."고 증언하더라도 그 피의자신문조서가 증거능력을 가지게 되는 것은 아니다[대판 1997.10.28. 97도2211].

(2) 제312조 제3항이 적용되는 범위

⚖ 판례 | 사경이 작성한 당해 피고인과 공범관계 있는 자에 대한 피의자신문조서의 증거능력 인정요건(제312조 제3항 적용, 당해피고인이 내용을 인정해야 함)

1. [1] 형사소송법 제312조 제3항은 검사 이외의 수사기관이 작성한 당해 피고인에 대한 피의자신문조서를 유죄의 증거로 하는 경우뿐만 아니라 검사 이외의 수사기관이 작성한 당해 피고인과 공범관계에 있는 다른 피고인이나 피의자에 대한 피의자신문조서를 당해 피고인에 대한 유죄의 증거로 채택할 경우에도 적용된다. [20 변호사, 20 경찰승진, 19 국가9급, 18 변호사, 18 경간부, 18 경찰채용, 18 국가9급]*
[2] 당해 피고인과 공범관계가 있는 다른 피의자에 대하여 검사 이외의 수사기관이 작성한 피의자신문조서는 그 피의자의 법정진술에 의하여 그 성립의 진정이 인정되는 등 형사소송법 제312조 제4항의 요건을 갖춘 경우라고 하더라도 당해 피고인이 공판기일에서 그 조서의 내용을 부인한 이상 이를 유죄 인정의 증거로 사용할 수 없다[대판 2014.4.10. 2014도1779]. [23 경간부, 22 경간부, 20 경찰채용, 19 변호사, 18 경찰채용, 17 변호사, 17 경간부, 17 국가9급, 16 변호사, 16 국가9급, 16 경찰채용]*

2. [1] 당해 피고인과 공범관계에 있는 공동피고인에 대해 검사 이외의 수사기관이 작성한 피의자신문조서는 그 공동피고인의 법정진술에 의하여 성립의 진정이 인정되더라도 당해 피고인이 공판기일에서 그 조서의 내용을 부인하면 증거능력이 부정된다. [2] 그리고 이러한 경우 그 공동피고인이 법정에서 경찰 수사 도중 피의자신문조서에 기재된 것과 같은 내용으로 진술하였다는 취지로 증언하였다고 하더라도, 이러한 증언은 원진술자인 공동피고인이 그 자신에 대한 경찰 작성의 피의자신문조서의 진정성립을 인정하는 취지에 불과하여 위 조서와 분리하여 독자적인 증거가치를 인정할 것은 아니므로, 위 조서의 증거능력이 부정되는 이상 위와 같은 증언 역시 이를 유죄 인정의 증거로 쓸 수 없다[대판 2009.10.15. 2009도1889].
관련판례 증거능력의 부여에 있어서 검사 이외의 수사기관작성의 피의자 신문조서에 엄격한 요건을 요구한 취지는 그 신문에 있어서 있을지도 모르는 개인의 기본적 인권보장의 결여를 방지하려는 입법정책적 고려라고 할 것이다[대판(전) 1982.9.14. 82도1479].

⚖ 판례 | 형사소송법 제312조 제3항이 '전혀 별개 사건에서 피고인에 대한 사법경찰관 작성 피의자신문조서'에도 적용되는지의 여부(적극)

형사소송법 제312조 제2항(개정법 제3항)은 그 입법취지와 법조의 문언에 비추어 볼 때 당해 사건에서 피의자였던 피고인에 대한 검사 이외의 수사기관 작성의 피의자신문조서에만 적용되는 것은 아니고, 전혀 별개의 사건에서 피의자였던 피고인에 대한 검사 이외의 수사기관 작성의 피의자신문조서도 그 적용대상으로 하고 있는 것이라고 보아야 한다[대판 1995.3.24. 94도2287].

⚖ 판례 | 형소법 제312조 제3항이 적용되는 경우(대향범 사이, 양벌규정상의 업무주와 행위자 사이)

[1] 형사소송법 제312조 제3항은 검사 이외의 수사기관이 작성한 해당 피고인에 대한 피의자신문조서를 유죄의 증거로 하는 경우뿐만 아니라 검사 이외의 수사기관이 작성한 해당 피고인과 공범관계에 있는 다른 피고인이나 피의자에 대한 피의자신문조서를 해당 피고인에 대한 유죄의 증거로 채택할 경우에도 적용된다.
[2] 형사소송법 제312조 제3항은 공동정범이나 교사범, 방조범 등 공범관계에 있는 자들 사이에서뿐만 아니라, 법인의 대표자나 법인 또는 개인의 대리인, 사용인, 그 밖의 종업원 등 행위자의 위반행위에 대하여 행위자가 아닌 법인 또는 개인이 양벌규정에 따라 기소된 경우, 이러한 법인 또는 개인과 행위자 사이의 관계에서도 마찬가지로 적용된다고 보아야 한다.
[3] 형사소송법 제312조 제3항은 형법 총칙의 공범 이외에도, 서로 대향된 행위의 존재를 필요로 할 뿐 각자의 구성요건을 실현하고 별도의 형벌 규정에 따라 처벌되는 강학상 필요적 공범 내지 대향범 관계에 있는 자들 사이에서도 적용된다
[대판 2020.6.11. 2016도9367]. [23 변호사]*

📖 판례 | 사법경찰관 작성 검증조서 및 실황조사서에 첨부된 범행내용의 현장진술 및 재연한 내용의 기재와 재연사진이 첨부된 경우 그 기재와 사진의 증거능력 인정요건(= 사경작성 피신조서 취급)

사법경찰관이 작성한 검증조서에 피고인이 검사 이외의 수사기관 앞에서 '자백한 범행내용을 현장에 따라 진술·재연한 내용이 기재되고 그 재연 과정을 촬영한 사진'이 첨부되어 있다면, 그러한 기재나 사진은 피고인이 공판정에서 실황조사서에 기재된 진술내용 및 범행재연의 상황을 모두 부인하는 이상 증거능력이 없다[대판 2006.1.13. 2003도6548]. [22 경찰승용, 20 변호사, 19 경찰채용, 18 변호사, 17 경찰채용]*

동지판례 i) 사법경찰관이 작성한 실황조사서에 피의자이던 피고인이 사법경찰관의 면전에서 자백한 범행내용을 현장에 따라 진술, 재연하고 사법경찰관이 그 진술, 재연의 상황을 기재하거나 이를 사진으로 촬영한 것 외에 별다른 기재가 없는 경우에 있어서 피고인이 공판정에서 실황조사서에 기재된 진술내용 및 범행재연의 상황을 모두 부인하고 있다면 그 실황조사서는 증거능력이 없다 할 것이다[대판 1984.5.29. 84도378]. ii) 사법경찰관이 작성한 검증조서 중 '피고인의 진술 부분을 제외한 기재 및 사진의 각 영상'에는 피고인이 범행을 재연하는 사진이 첨부되어 있으나, 피고인이 검증조서에 대하여 증거로 함에 부동의하였고 공판정에서 검증조서 중 범행을 재연한 부분에 대하여 그 성립의 진정 및 내용을 인정한 흔적을 찾아볼 수 없고 오히려 이를 부인하고 있으므로 그 증거능력을 인정할 수 없다[대판 2007.4.26. 2007도1794].

판례해설 위 판례에서 '검증조서 등'은 사법경찰관이 검증의 결과를 기재한 것이 아니라 실질적으로 피의자의 진술과 그것을 재현한 사진 등이 들어 있는 피의자신문조서이므로, 형사소송법 제312조 제3항의 요건 '특히 피고인의 내용인정' 요건을 구비하여야만 증거능력이 인정될 수 있다는 취지의 판례이다.

4. 참고인 진술조서 – (제312조 제4항)

(1) 의의

진술조서란 검사 또는 사법경찰관이 피의자 아닌 자의 진술을 기재한 조서를 말한다.

(2) 증거능력 인정요건

1. 적법절차와 방식	2. 실질적 진정성립	3. 특신상태	4. 반대신문권 보장

검사 또는 사법경찰관이 피고인이 아닌 자의 진술을 기재한 조서는 적법한 절차와 방식에 따라 작성된 것으로서 그 조서가 검사 또는 사법경찰관 앞에서 진술한 내용과 동일하게 기재되어 있음이 원진술자의 공판준비 또는 공판기일에서의 진술이나 영상녹화물 또는 그 밖의 객관적인 방법에 의하여 증명되고, 피고인 또는 변호인이 공판준비 또는 공판기일에 그 기재 내용에 관하여 원진술자를 신문할 수 있었던 때에는 증거로 할 수 있다. 다만, 그 조서에 기재된 진술이 특히 신빙할 수 있는 상태하에서 행하여졌음이 증명된 때에 한한다(제312조 제4항).

📖 판례 | 그 밖의 객관적인 방법에 의한 증명에 해당하지 않는 경우(= 조사관 또는 조사과정에 참여한 통역인 등의 증언)

실질적 진정성립을 증명할 수 있는 수단으로서 형사소송법 제312조 제2항에 규정된 '영상녹화물이나 그 밖의 객관적인 방법'이란 형사소송법 및 형사소송규칙에 규정된 방식과 절차에 따라 제작된 영상녹화물 또는 그러한 영상녹화물에 준할 정도로 피고인의 진술을 과학적·기계적·객관적으로 재현해 낼 수 있는 방법만을 의미하고, 그 외에 조사관 또는 조사 과정에 참여한 통역인 등의 증언은 이에 해당한다고 볼 수 없다[대판 2016.2.18. 2015도16586]. 112) [23 경간부]*

---

112) 형사소송법의 개정으로 현재는 유효한 판례가 아니지만, 피고인 아닌 자의 진술이 기재된 조서에도 동일한 법리가 적용될 수 있으므로 법리의 이해를 위하여 남겨두었다. 한편, 이와 관련하여 73기 경간부 시험에 "피고인 아닌 자의 진술이 기재된 조서에 원진술자가 실질적 진정 성립을 부인하는 경우 실질적 진정성립을 증명할 수 있는 수단으로서 그 밖의 객관적인 방법에는 조사관 또는 조사과정에 참여한 통역인 등의 증언은 이에 해당하지 않는다는 지문이 옳은 지문으로 출제되었다.

🏛 판례 | 형사소송법 및 형사소송규칙에 규정된 방식과 절차를 위반한 영상녹화물에 의하여 피고인 아닌 자의 진술을 기재한 조서의 실질적 진정성립을 증명할 수 있는지 여부(원칙적 소극)

형사소송법 제312조 제4항이 실질적 진정성립을 증명할 수 있는 방법으로 규정하는 영상녹화물에 대하여는 형사소송법 및 형사소송규칙에서 영상녹화의 과정, 방식 및 절차 등을 엄격하게 규정하고 있으므로(형사소송법 제221조 제1항 후문, 형사소송규칙 제134조의2, 제134조의3) 수사기관이 작성한 피고인 아닌 자의 진술을 기재한 조서에 대한 실질적 진정성립을 증명할 수 있는 수단으로서 형사소송법 제312조 제4항에 규정된 '영상녹화물'이라 함은 형사소송법 및 형사소송규칙에 규정된 방식과 절차에 따라 제작되어 조사 신청된 영상녹화물을 의미한다고 봄이 타당하다. 형사소송법은 제221조 제1항 후문에서 "검사 또는 사법경찰관은 피의자가 아닌 자의 출석을 요구하여 진술을 들을 경우 그의 동의를 받아 영상녹화할 수 있다."라고 규정하고 있고, 형사소송규칙은 제134조의3에서 검사는 피의자가 아닌 자가 공판준비 또는 공판기일에서 조서가 자신이 검사 또는 사법경찰관 앞에서 진술한 내용과 동일하게 기재되어 있음을 인정하지 아니하는 경우 그 부분의 성립의 진정을 증명하기 위하여 영상녹화물의 조사를 신청할 수 있고(제1항), 검사가 이에 따라 영상녹화물의 조사를 신청하는 때에는 피의자가 아닌 자가 영상녹화에 동의하였다는 취지로 기재하고 기명날인 또는 서명한 서면을 첨부하여야 하며(제2항), 조사 신청한 영상녹화물은 조사가 개시된 시점부터 조사가 종료되어 피의자 아닌 자가 조서에 기명날인 또는 서명을 마치는 시점까지 전 과정이 영상녹화된 것으로서 피의자 아닌 자의 진술이 영상녹화되고 있다는 취지의 고지, 영상녹화를 시작하고 마친 시각 및 장소의 고지, 신문하는 검사 또는 사법경찰관과 참여한 자의 성명과 직급의 고지, 조사를 중단·재개하는 경우 중단 이유와 중단 시각, 중단 후 재개하는 시각, 조사를 종료하는 시각의 내용을 포함하는 것이어야 한다고 규정하고 있다(제3항에 의하여 제134조의2 제3항 제1호부터 제3호, 제5호, 제6호를 준용한다). 이러한 형사소송법과 형사소송규칙의 규정 내용과 취지에 비추어 보면, 수사기관이 작성한 피고인이 아닌 자의 진술을 기재한 조서에 대하여 실질적 진정성립을 증명하기 위해 영상녹화물의 조사를 신청하려면 영상녹화를 시작하기 전에 피고인 아닌 자의 동의를 받고 그에 관해서 피고인 아닌 자가 기명날인 또는 서명한 영상녹화 동의서를 첨부하여야 하고, 조사가 개시된 시점부터 조사가 종료되어 참고인이 조서에 기명날인 또는 서명을 마치는 시점까지 조사 전 과정이 영상녹화되어야 하므로 이를 위반한 영상녹화물에 의하여는 특별한 사정이 없는 한 피고인 아닌 자의 진술을 기재한 조서의 실질적 진정성립을 증명할 수 없다[대판 2022.6.16, 2022도364 ; 동지 대판 2022.7.14, 2020도13957].

🏛 판례 | 진술조서의 증거능력이 인정되는 경우

1. **(적법절차와 방식에 따른 작성에 해당하는 경우)** 진술자와 피고인의 관계, 범죄의 종류, 진술자 보호의 필요성 등 여러 사정으로 볼 때 상당한 이유가 있는 경우에는 수사기관이 진술자의 성명을 가명으로 기재하여 조서를 작성하였다고 해서 그 이유만으로 그 조서가 '적법한 절차와 방식'에 따라 작성되지 않았다고 할 것은 아니다. 그러한 조서라도 공판기일 등에 원진술자가 출석하여 자신의 진술을 기재한 조서임을 확인함과 아울러 그 조서의 실질적 진정성립을 인정하고 나아가 그에 대한 반대신문이 이루어지는 등 형사소송법 제312조 제4항에서 규정한 요건이 모두 갖추어진 이상 그 증거능력을 부정할 것은 아니다[대판 2012.5.24, 2011도7757]. [19 국가9급, 16 변호사]*

2. **(주의)** 검사 또는 사법경찰관이 피의자 아닌 자의 진술을 기재한 조서에 대하여 그 원진술자가 공판기일에서 간인·서명·날인한 사실과 그 조서의 내용이 자기가 진술한 대로 작성된 것이라는 점을 인정하면 그 조서는 원진술자의 공판기일에서의 진술에 의하여 성립의 진정함이 인정된 서류로서 증거능력이 있다 할 것이고, 원진술자가 공판기일에서 그 조서의 내용과 다른 진술[113]을 하였다 하여 증거능력을 부정할 사유가 되지 못한다[대판 1985.10.8, 85도1843].

---

113) 원진술자의 이러한 진술(증언)은 원본증거에 해당하며 별도의 증거로서 증거능력이 인정될 수 있다. 이 경우 참고인진술조서와 증언은 모두 증거능력을 갖게 되며 신빙성판단의 대상이 될 수 있다.

📜 판례 | 피고인에게 불리한 증거인 증인이 주신문의 경우와 달리 반대신문에 대하여는 답변을 하지 아니하는 등 진술 내용의 모순이나 불합리를 증인신문 과정에서 드러내어 이를 탄핵하는 것이 사실상 곤란하였고, 그것이 피고인 또는 변호인에게 책임 있는 사유에 기인한 것이 아닌 경우, 증인의 법정진술의 증거능력 유무(원칙적 소극)

형사소송법은 제161조의2에서 피고인의 반대신문권을 포함한 교호신문제도를 규정하는 한편, 제310조의2에서 법관의 면전에서 진술되지 아니하고 피고인에 의한 반대신문의 기회가 부여되지 아니한 진술에 대하여는 원칙적으로 그 증거능력을 부여하지 아니함으로써, 형사재판에서 증거는 법관의 면전에서 진술·심리되어야 한다는 직접주의와 피고인에게 불리한 증거에 대하여 반대신문할 수 있는 권리를 원칙적으로 보장하고 있는데, 이러한 <u>반대신문권의 보장은 피고인에게 불리한 주된 증거의 증명력을 탄핵할 수 있는 기회가 보장되어야 한다는 점에서 형식적·절차적인 것이 아니라 실질적·효과적인 것이어야 한다.</u> 따라서 피고인에게 불리한 증거인 증인이 주신문의 경우와 달리 반대신문에 대하여는 답변을 하지 아니하는 등 진술 내용의 모순이나 불합리를 그 증인신문 과정에서 드러내어 이를 탄핵하는 것이 사실상 곤란하였고, 그것이 피고인 또는 변호인에게 책임 있는 사유에 기인한 것이 아닌 경우라면, 관계 법령의 규정 혹은 증인의 특성 기타 공판절차의 특수성에 비추어 이를 정당화할 수 있는 특별한 사정이 존재하지 아니하는 이상, 이와 같이 <u>실질적 반대신문의 기회가 부여되지 아니한 채 이루어진 증인의 법정진술은 위법한 증거로서 증거능력을 인정하기 어렵다.</u> 이 경우 피고인의 책문권 포기로 그 하자가 치유될 수 있으나, 책문권 포기의 의사는 명시적인 것이어야 한다[대판 2022.3.17. 2016도17054].

📜 판례 | 적법한 절차와 방식에 따라 작성되지 않은 경우

1. **(참고인의 동생으로 하여금 서명·날인하게 한 경우)** 사법경찰리 작성의 피해자에 대한 진술조서가 <u>피해자의 화상으로 인한 서명불능을 이유로</u> 입회하고 있던 피해자의 동생에게 대신 읽어 주고 그 <u>동생으로 하여금 서명·날인하게 하는 방법으로 작성된 경우</u> 이는 증거로 사용할 수 없다[대판 1997.4.11. 96도2865]. [16 국가9급]*

2. **(영상녹화물의 절차적 하자가 있는 경우)** 형사소송법과 형사소송규칙의 규정 내용과 취지에 비추어 보면, 수사기관이 작성한 피고인이 아닌 자의 진술을 기재한 조서에 대하여 실질적 진정성립을 증명하기 위해 영상녹화물의 조사를 신청하려면 영상녹화를 시작하기 전에 피고인 아닌 자의 동의를 받고 그에 관해서 피고인 아닌 자가 기명날인 또는 서명한 영상녹화 동의서를 첨부하여야 하고, 조사가 개시된 시점부터 조사가 종료되어 참고인이 조서에 기명날인 또는 서명을 마치는 시점까지 조사 전 과정이 영상녹화되어야 하므로 이를 위반한 영상녹화물에 의하여는 특별한 사정이 없는 한 피고인 아닌 자의 진술을 기재한 조서의 실질적 진정성립을 증명할 수 없다[대판 2022.6.16. 2022도364].

📜 판례 | 참고인진술조서의 성립의 진정의 인정 주체(= 원진술자이며 피고인이 아님)

피의자 아닌 자의 진술을 기재한 조서는 공판정에서 원진술자의 진술에 의하여 그 성립의 진정함이 인정된 것이 아니면 설사 공판정에서 피고인이 그 성립을 인정하여도 이를 증거로 할 수 있음에 동의한 것이 아닌 이상 증거로 할 수 없다[대판 1983.8.23. 83도196].

📜 판례 | 성립의 진정이 인정되지 않아 진술조서의 증거능력이 부정되는 경우

1. 피고인이 사법경찰리 작성의 甲에 대한 피의자신문조서, 진술조서 및 검사 작성의 피고인에 대한 피의자신문조서 중 甲의 진술기재 부분을 증거로 함에 부동의하였고 <u>원진술자인 甲이 증인으로 나와 그 진술기재의 내용을 열람하거나 고지받지 못한 채</u> 단지 검사나 재판장의 신문에 대하여 "수사기관에서 사실대로 진술하였다."는 취지의 증언만을 하고 있을 뿐이라면 그 피의자신문조서와 진술조서는 증거능력이 없어 이를 유죄의 증거로 삼을 수 없다[대판 1994.11.11. 94도343].

2. 증인이 법정에서 검사의 신문에 대하여 이 건으로 검찰, 경찰에서 진술한 내용이 틀림없다는 증언을 하고 있을 뿐인 경우에는 위 진술만으로는 동인에 대한 검찰 또는 경찰에서 작성한 진술조서의 진정성립을 인정하기 부족하다[대판 1979.11.27. 76도3962].

3. 검사 작성의 甲, 乙에 대한 각 진술조서의 원진술자인 甲, 乙이 공판기일에서 "수사관이 불러주는 내용을 그대로 기재한 것에 불과한 자신들의 가 진술서를 토대로 하여 그 진술내용을 미리 기재한 각 진술조서에 서명·날인만을 하였다."는 취지로 진술한 경우 각 진술조서는 증거로 할 수 없다[대판 1993.1.19, 92도2636].

> **동지판례** ⅰ) 증인등이 공판정에서 증인으로 진술함에 있어서 검사심문에 대하여 단지 검찰, 경찰에서 이 건에 대하여 사실대로 진술하고 그 진술조서에 서명무인한 사실이 있다는 취지의 진술만으로서는 곧 이건 기록에 철하여져 있는 동인 등의 검찰과 경찰에서의 진술조서의 진정성립을 인정하기에는 부족하다고 할 것이므로 위 진술조서를 증거로 인용한 것은 적법하다고 할 수 없다[대판 1976.9.28, 76도2118]. ⅱ) 검사 또는 사법경찰관리 작성의 참고인에 대한 각 진술조서에 관하여 원진술자가 법정에서 "진술조서들의 진술기재 내용이 자기가 진술한 것과 다른데도 검사 또는 사법경찰관리가 마음대로 공소사실에 부합되도록 기재한 다음 '괜찮으니 서명·날인하라'고 요구하여서 할 수 없이 각 진술조서의 끝 부분에 서명·날인한 것이다."라고 진술하였다면 진술조서들은 증거능력이 없다[대판 1990.10.16, 90도1474].

⚖️ 판례 | 형사소송법 제312조 제4항에서 '특히 신빙할 수 있는 상태' 관련 판례

1. **(특히 신빙할 수 있는 상태의 의미와 증명주체 - 검사)** 형사소송법 제312조 제4항에서 '특히 신빙할 수 있는 상태'라 함은 진술 내용이나 조서의 작성에 허위개입의 여지가 거의 없고, 진술 내용의 신빙성이나 임의성을 담보할 구체적이고 외부적인 정황이 있는 것을 말한다. 그리고 이러한 '특히 신빙할 수 있는 상태'는 증거능력의 요건에 해당하므로 검사가 그 존재에 대하여 구체적으로 주장·입증하여야 하는 것이다[대판 2015.10.29, 2014도5939].

2. **(특신상태가 인정되지 않는 경우)** 검찰관이 피고인을 뇌물수수 혐의로 기소한 후, 형사사법공조절차를 거치지 아니한 채 과테말라공화국에 현지출장하여 그곳 호텔에서 뇌물공여자 甲을 상대로 참고인 진술조서를 작성한 사안에서, 甲이 자유스러운 분위기에서 임의수사 형태로 조사에 응하였고 조서에 직접 서명·무인하였다는 사정만으로 특신상태를 인정하기에 부족할 뿐만 아니라, 검찰관이 군사법원의 증거조사절차 외에서, 그것도 형사사법공조절차나 과테말라공화국 주재 우리나라 영사를 통한 조사 등의 방법을 택하지 않고 직접 현지에 가서 조사를 실시한 것은 수사의 정형적 형태를 벗어난 것이라고 볼 수 있는 점 등 제반 사정에 비추어 볼 때, 진술이 특별히 신빙할 수 있는 상태에서 이루어졌다는 점에 관한 증명이 있다고 보기 어려워 甲의 진술조서는 증거능력이 인정되지 아니하므로, 이를 유죄의 증거로 삼을 수 없다[대판 2011.7.14, 2011도3809].

5. 진술서 및 감정서

(1) 진술서

1) 의의

① 진술서란 법원이나 수사기관 이외의 일반 사인이 스스로 자기의 의사·사상·관념 및 사실관계 등을 기재한 서면을 말한다. 자술서, 시말서 등 명칭 여하를 불문한다.

② 진술서에는 피고인 또는 피고인 아닌 자가 작성하였거나 진술한 내용이 포함된 문자·사진·영상 등의 정보로서 컴퓨터용디스크, 그 밖에 이와 비슷한 정보저장매체에 저장된 것을 포함한다(제313조 제1항).

2) 증거능력의 인정요건

① 수사과정에서 작성한 진술서 - (제312조 제5항)

제312조 제1항부터 제4항까지의 규정은 피고인 또는 피고인이 아닌 자가 수사과정에서 작성한 진술서에 관하여 준용한다(제312조 제5항).

구분	준용규정	증거능력 인정 요건
검사의 수사과정에서 피고인이 된 피의자가 작성한 진술서	제312조 제1항	적법절차, 내용의 인정
사법경찰관의 수사과정에서 피의자가 작성한 진술서	제312조 제3항	적법절차, 내용의 인정

검사 또는 사법경찰관의 수사과정에서 참고인이 작성한 진술서 (검사가 수사과정에서 피고인이 아닌 피의자가 작성한 진술서 포함)	제312조 제4항	적법절차, 실질적 진정성립, 특신상태, 반대신문권 보장

📖 판례 | 수사기관에서의 피의자 조사과정에서 작성된 진술조서, 진술서 등의 법적 성격(= 피의자신문조서)

1. 피의자의 진술을 녹취 내지 기재한 서류 또는 문서가 수사기관에서의 조사과정에서 작성된 것이라면 그것이 '진술조서, 진술서, 자술서'라는 형식을 취하였다고 하더라도 피의자신문조서와 달리 볼 수 없다[대판 2014.4.10. 2014도1779]. [22 경간부, 18 경찰채용, 17 경간부, 16 경간부, 16 경찰채용]*

2. 수사기관에서 피의자로 조사하는 과정을 녹화한 비디오테이프, CD 또는 이에 준하는 것들은 실질적으로 피의자의 진술을 기재한 수사기관 작성의 피의자신문조서와 다를 바 없다[대판 2007.10.25. 2007도6129].

3. 공범으로서 별도로 공소제기된 다른 사건의 피고인에 대한 수사과정에서 담당 검사가 피의자와 그 사건에 관하여 대화하는 내용과 장면을 녹화한 비디오테이프에 대한 법원의 검증조서는 이러한 비디오테이프의 녹화내용이 피의자의 진술을 기재한 피의자신문조서와 실질적으로 같으므로 피의자신문조서에 준하여 그 증거능력을 가려야 한다[대판 1992.6.23. 92도682]. [19 경찰채용]*

📖 판례 | 수사과정에서 작성된 진술서가 증거능력이 없는 경우

피고인이 아닌 자가 수사과정에서 진술서를 작성(진술서는 참고인진술조서의 실질을 가진다. – 저자 주)하였지만 수사기관이 그에 대한 조사과정을 기록하지 아니하여 형사소송법 제244조의4 제3항, 제1항에서 정한 절차를 위반한 경우에는, 특별한 사정이 없는 한 '적법한 절차와 방식'에 따라 수사과정에서 진술서가 작성되었다 할 수 없으므로 그 증거능력을 인정할 수 없다[대판 2015.4.23. 2013도3790].

📖 판례 | 검사 또는 사법경찰관이 피고인이 아닌 자의 진술을 기재한 조서의 증거능력이 인정되려면 '적법한 절차와 방식에 따라 작성된 것'이어야 한다는 법리는 피고인이 아닌 자가 수사과정에서 작성한 진술서의 증거능력에 관하여도 적용되는지 여부(적극)

[1] 형사소송법 제312조 제5항은 피고인 또는 피고인이 아닌 자가 수사과정에서 작성한 진술서의 증거능력에 관하여 형사소송법 제312조 제1항부터 제4항까지 준용하도록 규정하고 있으므로, 검사 또는 사법경찰관이 피고인이 아닌 자의 진술을 기재한 조서의 증거능력이 인정되려면 '적법한 절차와 방식에 따라 작성된 것'이어야 한다는 법리가 피고인이 아닌 자가 수사과정에서 작성한 진술서의 증거능력에 관하여도 적용된다.

[2] 수사기관이 수사에 필요하여 피의자가 아닌 자로부터 진술서를 작성·제출받는 경우에도 그 절차는 준수되어야 하므로, 피고인이 아닌 자가 수사과정에서 진술서를 작성하였지만 수사기관이 조사과정의 진행경과를 확인하기 위하여 필요한 사항을 그 진술서에 기록하거나 별도의 서면에 기록한 후 수사기록에 편철하는 등 적절한 조치를 취하지 아니하여 형사소송법 제244조의4 제1항, 제3항에서 정한 절차를 위반한 경우에는, 그 진술증거 취득과정의 절차적 적법성의 제도적 보장이 침해되지 않았다고 볼 만한 특별한 사정이 없는 한 '적법한 절차와 방식'에 따라 수사과정에서 진술서가 작성되었다고 할 수 없어 증거능력을 인정할 수 없다. 이러한 형사소송법 규정 및 문언과 그 입법 목적 등에 비추어 보면, 형사소송법 제312조 제5항의 적용대상인 '수사과정에서 작성한 진술서'란 수사가 시작된 이후에 수사기관의 관여 아래 작성된 것이거나, 개시된 수사와 관련하여 수사과정에 제출할 목적으로 작성한 것으로, 작성 시기와 경위 등 여러 사정에 비추어 그 실질이 이에 해당하는 이상 명칭이나 작성된 장소 여부를 불문한다[대판 2022.10.27. 2022도9510].

② 수사과정 이외의 절차에서 작성한 진술서 - (제313조 제1항, 제2항)

　　㉠ 피고인 또는 피고인이 아닌 자가 작성한 진술서나 그 진술을 기재한 서류로서 그 작성사 또는 진술사의 자필이거나 그 서명 또는 날인이 있는 것(피고인 또는 피고인 아닌 자가 작성하였거나 진술한 내용이 포함된 문자·사진·영상 등의 정보로서 컴퓨터용디스크, 그 밖에 이와 비슷한 정보저장매체에 저장된 것을 포함한다. 이하 이 조에서 같다)은 공판준비나 공판기일에서의 그 작성자 또는 진술자의 진술에 의하여 그 성립의 진정함이 증명된 때에는 증거로 할 수 있다. 단, 피고인의 진술을 기재한 서류는 공판준비 또는 공판기일에서의 그 작성자의 진술에 의하여 그 성립의 진정함이 증명되고 그 진술이 특히 신빙할 수 있는 상태하에서 행하여진 때에 한하여 피고인의 공판준비 또는 공판기일에서의 진술에 불구하고 증거로 할 수 있다(제313조 제1항).

　　㉡ 제313조 제1항 본문에도 불구하고 진술서의 작성자가 공판준비나 공판기일에서 그 성립의 진정을 부인하는 경우에는 과학적 분석결과에 기초한 디지털포렌식 자료, 감정 등 객관적 방법으로 성립의 진정함이 증명되는 때에는 증거로 할 수 있다. 다만, 피고인 아닌 자가 작성한 진술서는 피고인 또는 변호인이 공판준비 또는 공판기일에 그 기재 내용에 관하여 작성자를 신문할 수 있었을 것을 요한다(제313조 제2항). [22 경찰채용, 19 경간부, 17 국가7급]*

⚖ 판례 | 피고인 아닌 자의 진술을 기재한 서류가 증거능력이 없는 경우

검사가 참고인 피해자와의 전화통화 내용을 기재한 수사보고서는 형사소송법 제313조 제1항 본문에 정한 피고인 아닌 자의 진술을 기재한 서류인 전문증거에 해당하나, 그 진술자의 서명 또는 날인이 없을 뿐만 아니라 진술자의 진술에 의해 성립의 진정함이 증명되지도 않았으므로 증거능력이 없다[대판 2010.10.14. 2010도5610]. [22 경간부]*

⚖ 판례 | 조세범칙조사를 담당하는 세무공무원이 피고인이 된 혐의자 또는 참고인에 대하여 심문한 내용을 기재한 조서의 성격(피고인 또는 피고인이 아닌 자가 작성한 진술서나 그 진술을 기재한 서류에 해당)

조세범칙조사를 담당하는 세무공무원이 피고인이 된 혐의자 또는 참고인에 대하여 심문한 내용을 기재한 조서는 검사·사법경찰관 등 수사기관이 작성한 조서와 동일하게 볼 수 없으므로 형사소송법 제312조에 따라 증거능력의 존부를 판단할 수는 없고, 피고인 또는 피고인이 아닌 자가 작성한 진술서나 그 진술을 기재한 서류에 해당하므로 형사소송법 제313조에 따라 공판준비 또는 공판기일에서 작성자·진술자의 진술에 따라 성립의 진정함이 증명되고 나아가 그 진술이 특히 신빙할 수 있는 상태 아래에서 행하여진 때에 한하여 증거능력이 인정된다. 이때 '특히 신빙할 수 있는 상태'란 조서 작성 당시 그 진술내용이나 조서 또는 서류의 작성에 허위 개입의 여지가 거의 없고, 그 진술내용의 신빙성과 임의성을 담보할 구체적이고 외부적인 정황이 있는 경우를 의미하는데, 조세범 처벌절차법 및 이에 근거한 시행령·시행규칙·훈령(조사사무처리규정) 등의 조세범칙조사 관련 법령에서 구체적으로 명시한 진술거부권 등 고지, 변호사 등의 조력을 받을 권리 보장, 열람·이의제기 및 의견진술권 등 심문조서의 작성에 관한 절차규정의 본질적인 내용의 침해·위반 등도 '특히 신빙할 수 있는 상태' 여부의 판단에 있어 고려되어야 한다[대판 2022.12.15. 2022도8824].

⚖ 판례 | 피고인의 진술을 기재한 서류의 증거능력 인정요건

녹음테이프 검증조서의 기재 중 피고인의 진술내용을 증거로 사용하기 위해서는 (피고인이 성립의 진정을 부인하더라도) 형사소송법 제313조 제1항 단서에 따라 공판준비 또는 공판기일에서 그 작성자(녹음한 사람을 의미함)인 상대방의 진술에 의하여 녹음테이프에 녹음된 피고인의 진술내용이 피고인이 진술한 대로 녹음된 것임이 증명되고 나아가 그 진술이 특히 신빙할 수 있는 상태하에서 행하여진 것임이 인정되어야 한다[대판 2012.9.13. 2012도7461].

⚖️ 판례 | 증거능력이 인정되는 경우

1. 피해자 A가 남동생 B에게 도움을 요청하면서 피고인이 협박한 말을 포함하여 공갈 등 피해를 입은 내용이 들어 있는 문자메시지의 내용을 촬영한 사진은 피해자의 진술서에 준하는 것으로 취급함이 상당할 것인바, 진술서에 관한 형사소송법 제313조에 따라 문자메시지의 작성자인 A가 법정에 출석하여 자신이 문자메시지를 작성하여 동생에게 보낸 것과 같음을 확인하고(성립의 인정 – 저자 주), 동생인 B도 법정에 출석하여 A가 보낸 문자메시지를 촬영한 사진이 맞다고 확인(사진 즉 사본이므로 추가되는 증거능력 인정요건임 – 저자 주)한 이상, 문자메시지를 촬영한 사진은 그 성립의 진정함이 증명되었다고 볼 수 있으므로 이를 증거로 할 수 있다[대판 2010.11.25. 2010도8735]. [22 경찰채용, 22 경간부, 19 경간부, 18 경찰채용, 17 변호사, 17 국가9급]*

2. 피고인이 증거로 함에 동의하지 아니하였더라도 수첩사본은 그 작성자인 甲의 진술에 의하여 그 진정성립이 인정될 뿐 아니라 그 작성 경위와 내용 및 형식에 비추어 볼 때 특히 신용할 만한 정황에 의하여 작성된 것으로 보이므로 그 증거능력이 있다[대판 2011.1.27. 2010도11030].

⚖️ 판례 | 정보저장매체에 입력하여 기억된 문자정보 또는 그 출력물을 증거로 사용하기 위한 요건

1. 피고인 또는 피고인 아닌 사람이 컴퓨터용디스크 그 밖에 이와 비슷한 정보저장매체에 입력하여 기억된 문자정보 또는 그 출력물을 증거로 사용하는 경우, 이는 실질에 있어서 피고인 또는 피고인 아닌 사람이 작성한 진술이나 그 진술을 기재한 서류와 크게 다를 바 없고, 압수 후의 보관 및 출력과정에 조작의 가능성이 있으며, 기본적으로 반대신문의 기회가 보장되지 않는 점 등에 비추어 그 내용의 진실성에 관하여는 전문법칙이 적용되고, 따라서 원칙적으로 형사소송법 제313조 제1항에 의하여 작성자 또는 진술자의 진술에 의하여 성립의 진정함이 증명된 때에 한하여 이를 증거로 사용할 수 있다. 다만 정보저장매체에 기억된 문자정보의 내용의 진실성이 아닌 그와 같은 내용의 문자정보의 존재 자체가 직접 증거로 되는 경우에는 전문법칙이 적용되지 아니한다[대판 2013.2.15. 2010도3504]. [18 경찰승진]*

2. 압수물인 디지털 저장매체로부터 출력한 문건을 증거로 사용하기 위해서는 디지털 저장매체 원본에 저장된 내용과 출력한 문건의 동일성이 인정되어야 하고, 이를 위해서는 디지털 저장매체 원본이 압수시부터 문건 출력시까지 변경되지 않았음이 담보되어야 한다. 그리고 압수된 디지털 저장매체로부터 출력한 문건을 진술증거로 사용하는 경우 그 기재 내용의 진실성에 관하여는 전문법칙이 적용되므로 형사소송법 제313조 제1항에 따라 그 작성자 또는 진술자의 진술에 의하여 그 성립의 진정함이 증명된 때에 한하여 이를 증거로 사용할 수 있다[대판 2013.6.13. 2012도16001]. [19 경간부, 18 국가7급, 17 법원9급, 17 경간부, 17 경찰채용, 16 국가7급, 16 법원9급, 16 국가9급, 16 경찰승진]*

3. 압수물인 컴퓨터용 디스크 그 밖에 이와 비슷한 정보저장매체(이하 '정보저장매체')에 입력하여 기억된 문자정보 또는 그 출력물(이하 '출력 문건')을 증거로 사용하기 위해서는 정보저장매체 원본에 저장된 내용과 출력 문건의 동일성이 인정되어야 하고, 이를 위해서는 정보저장매체 원본이 압수시부터 문건 출력시까지 변경되지 않았다는 사정, 즉 무결성(無缺性)이 담보되어야 한다. 특히 정보저장매체 원본을 대신하여 저장매체에 저장된 자료를 '하드카피' 또는 '이미징'한 매체로부터 출력한 문건의 경우에는 정보저장매체 원본과 '하드카피' 또는 '이미징'한 매체 사이에 자료의 동일성도 인정되어야 할 뿐만 아니라, 이를 확인하는 과정에서 이용한 컴퓨터의 기계적 정확성, 프로그램의 신뢰성, 입력·처리·출력의 각 단계에서 조작자의 전문적인 기술능력과 정확성이 담보되어야 한다. 이 경우 출력 문건과 정보저장매체에 저장된 자료가 동일하고 정보저장매체 원본이 문건 출력시까지 변경되지 않았다는 점은, 피압수·수색 당사자가 정보저장매체 원본과 '하드카피' 또는 '이미징'한 매체의 해쉬(Hash) 값이 동일하다는 취지로 서명한 확인서면을 교부받아 법원에 제출하는 방법에 의하여 증명하는 것이 원칙이나, 그와 같은 방법에 의한 증명이 불가능하거나 현저히 곤란한 경우에는, 정보저장매체 원본에 대한 압수, 봉인, 봉인해제, '하드카피' 또는 '이미징' 등 일련의 절차에 참여한 수사관이나 전문가 등의 증언에 의해 정보저장매체 원본과 '하드카피' 또는 '이미징'한 매체 사이의 해쉬 값이 동일하다거나 정보저장매체 원본이 최초 압수시부터 밀봉되어 증거 제출시까지 전혀 변경되지 않았다는 등의 사정을 증명하는 방법 또는 법원이 그 원본에 저장된 자료와 증거로 제출된 출력 문건을 대조하는 방법 등으로도 그와 같은 무결성·동일성을 인정할 수 있다고 할 것이며, 반드시 압수·수색 과정을 촬영한 영상녹화물 재생 등의 방법으로만 증명하여야 한다고 볼 것은 아니다[대판 2013.7.26. 2013도2511]. [20 법원9급, 19 국가9급, 17 경간부, 17 경찰채용]*

4. 전자문서를 수록한 파일 등의 경우에는, 성질상 작성자의 서명 혹은 날인이 없을 뿐만 아니라 작성자·관리자의 의도나 특정한 기술에 의하여 내용이 편집·조작될 위험성이 있음을 고려하여, 원본임이 증명되거나 혹은 원본으로부터 복사한 사본일 경우에는 복사 과정에서 편집되는 등 인위적 개작 없이 원본의 내용 그대로 복사된 사본임이 증명되어야만 하고, 이러한 원본 동일성은 증거능력의 요건에 해당하므로 검사가 그 존재에 대하여 구체적으로 주장·증명해야 한다[대판 2018.2.8. 2017도13263]. [22 경찰채용, 20 경찰승진]*

동지판례 甲은 디지털 녹음기로 피고인의 발언 내용을 녹음하였고, 그 내용이 콤팩트디스크에 다시 복사되어 콤팩트디스크가 검찰에 압수되었으며, 콤팩트디스크에 녹음된 내용을 담은 녹취록이 증거로 제출되었고, 콤팩트디스크가 현장에서 피고인의 발언내용을 녹음하는 데 사용된 디지털 녹음기의 녹음내용 원본을 그대로 복사한 것이라는 입증이 없는 이상 콤팩트디스크의 내용이나 이를 녹취한 녹취록의 기재는 증거능력이 없다[대판 2007.3.15. 2006도8869].

(2) 감정서 – (제313조 제3항)

1) 의의

감정서란 감정의 경과와 결과를 기재한 서류를 말한다. 법원 또는 법관의 명령에 의하여 감정인이 작성한 감정서 또는 수사기관의 위촉을 받은 수탁감정인이 작성한 감정서가 이에 해당한다.

2) 증거능력 인정요건

감정의 경과와 결과를 기재한 서류도 제313조 제1항과 제2항의 요건을 구비하면 증거능력이 인정된다(제313조 제3항). [19 경간부]*

⚖ 판례 | 감정서의 증거능력이 인정되는 경우

감정서에는 감정인의 기명날인이 있고, 감정인이 공판기일에서 작성명의가 진정하고 감정인의 관찰대로 기술되었다고 진술함으로써 그 성립의 진정함이 증명되었다 할 것이므로 증거능력이 인정된다[대판 2011.5.26. 2011도1902].

---

6. 수사기관 작성 검증조서 – (제312조 제6항)

검사 또는 사법경찰관이 검증의 결과를 기재한 조서는 적법한 절차와 방식에 따라 작성된 것으로서 공판준비 또는 공판기일에서의 작성자의 진술에 따라 그 성립의 진정함이 증명된 때에는 증거로 할 수 있다(제312조 제6항). [18 경찰승진, 18 경찰채용]*

⚖ 판례 | 수사보고서에 검증의 결과에 해당하는 기재가 있는 경우 증거능력 인정 여부(= 소극)

수사보고서에 검증의 결과에 해당하는 기재가 있는 경우, 그 기재 부분은 검찰사건사무규칙 제17조에 의하여 검사가 범죄의 현장 기타 장소에서 실황조사를 한 후 작성하는 실황조서 또는 사법경찰관리집무규칙 제49조 제1항, 제2항에 의하여 사법경찰관이 수사상 필요하다고 인정하여 범죄현장 또는 기타 장소에 임하여 실황을 조사할 때 작성하는 실황조사서에 해당하지 아니하며, 단지 수사의 경위 및 결과를 내부적으로 보고하기 위하여 작성된 서류에 불과하므로 그 안에 검증의 결과에 해당하는 기재가 있다고 하여 이를 형사소송법 제312조 제1항[개정법 제312조 제6항]의 '검사 또는 사법경찰관이 검증의 결과를 기재한 조서'라고 할 수 없을 뿐만 아니라 이를 같은 법 제313조 제1항의 '피고인 또는 피고인이 아닌 자가 작성한 진술서나 그 진술을 기재한 서류'라고 할 수도 없고, 같은 법 제311조, 제315조, 제316조의 적용대상이 되지 아니함이 분명하므로 그 기재 부분은 증거로 할 수 없다[대판 2001.5.29. 2000도2933]. [22 경간부]*

📖 판례 | 실황조사서의 증거능력

사법경찰관사무취급 작성의 <u>실황조사서</u>는 원작성자인 甲의 공판기일에서의 진술에 의하여 그 성립의 진정함이 인정되었으므로 위 서류를 유죄 인정의 증거로 채택한 것은 적법하다[대판 1982.9.14, 82도1504].

참고판례 사법경찰리가 작성한 '피고인이 임의로 제출하는 별지 기재의 물건(공소장에 기재된 물건)을 압수하였다'는 내용의 압수조서는 피고인이 공판정에서 증거로 함에 동의하지 아니하였고 원진술자의 공판기일에서의 증언에 의하여 그 성립의 진정함이 인정된 바도 없다면 증거로 쓸 수 없다[대판 1995.1.24, 94도1476].

판례해설 판례는 '실황조사서'와 '압수조서'에 대하여 제312조 제6항의 검증조서에 준하여 증거능력 인정유무를 판단하고 있다.

7. 제314조의 적용

(1) 의의

제312조 또는 제313조의 경우에 공판준비 또는 공판기일에 진술을 요할 자가 사망·질병·외국거주·소재불명 기타 이에 준하는 사유로 인하여 진술할 수 없는 때에는 그 조서 기타 서류를 증거로 할 수 있다. 다만, 그 조서 또는 서류는 그 진술 또는 작성이 특히 신빙할 수 있는 상태하에서 행하여진 때에 한한다(제314조).

📖 판례 | 사법경찰관 작성 공범에 대한 피의자신문조서와 형사소송법 제314조 적용 여부(적용 불가)

당해 피고인과 공범관계가 있는 다른 피의자에 대한 검사 이외의 수사기관 작성의 피의자신문조서는 그 피의자의 법정진술에 의하여 그 성립의 진정이 인정되더라도 당해 피고인이 공판기일에서 그 조서의 내용을 부인하면 증거능력이 부정되므로 그 당연한 결과로 그 피의자신문조서에 대하여는 사망 등 사유로 인하여 법정에서 진술할 수 없는 때에 예외적으로 증거능력을 인정하는 규정인 형사소송법 제314조가 적용되지 아니한다[대판 2020.6.11, 2016도9367]. [22 경간부, 20 변호사, 20 경찰승진, 19 변호사, 18 경찰채용, 17 변호사, 17 국가7급, 17 경찰채용]*

📖 판례 | 제314조가 적용될 수 있는 서류 – 외국의 권한 있는 수사기관 등이 작성한 조서나 서류

형사소송법 제312조 소정의 조서나 같은 법 제313조 소정의 서류를 반드시 우리나라의 권한 있는 수사기관 등이 작성한 조서 및 서류에만 한정하여 볼 것은 아니고 <u>외국의 권한 있는 수사기관 등이 작성한 조서나 서류도 같은 법 제314조 소정의 요건을 모두 갖춘 것이라면 이를 유죄의 증거로 삼을 수 있다</u>[대판 1997.7.25, 97도1351]. [19 경간부, 17 국가7급]*

📖 판례 | 제314조의 적용의 전제요건을 구비하지 못한 경우

외국에 거주하는 참고인과의 전화 대화내용을 문답형식으로 기재한 검찰주사보 작성의 수사보고서는 전문증거로서 형사소송법 제310조의2에 의하여 제311조 내지 제316조에 규정된 것 이외에는 이를 증거로 삼을 수 없는 것인데, 위 수사보고서는 제311조, 제312조, 제315조, 제316조의 적용대상이 되지 아니함이 분명하므로, 결국 <u>제313조의 진술을 기재한 서류에 해당하여야만 제314조의 적용 여부가 문제될 것인바, 제313조가 적용되기 위하여는 그 진술을 기재한 서류에 그 진술자의 서명 또는 날인이 있어야 한다.</u> 그런데 이 사건의 경우, <u>위 각 수사보고서에는 검찰주사보의 기명날인만 되어 있을 뿐 원진술자인 A나 B의 서명 또는 기명날인이 없으므로, 위 각 수사보고서는 제313조에 정한 진술을 기재한 서류가 아니어서 제314조에 의한 증거능력의 유무를 따질 필요가 없다</u>고 할 것이고, 이는 검찰주사보가 법정에서 그 수사보고서의 내용이 전화통화내용을 사실대로 기재하였다는 취지의 진술을 하더라도 마찬가지이다[대판 1999.2.26, 98도2742]. [22 경간부]*

(2) 제314조의 취지

참고인진술조서 · 검증조서 · 진술서 · 감정서 등의 경우 공판준비 또는 공판기일에서 원진술자가 성립의 진정을 인정해야 증거능력이 부여된다. 그러나 원진술자가 공판정에 출석하여 진술할 수 없고(필요성) 특히 신빙할 수 있는 상태에 있는 경우에는(신용성의 정황적 보장) 예외적으로 증거능력을 인정하는 것이 제314조의 입법취지이다.

(3) 증거능력 인정요건

1) 필요성

원진술자가 사망, 질병, 외국거주, 소재불명 기타 이에 준하는 사유로 인하여 진술할 수 없어야 한다.

⚖️ 판례 | 형사소송법 제314조의 '필요성'에 대한 판단 기준

1. '질병'은 진술을 요할 자가 공판이 계속되는 동안 임상신문이나 출장신문도 불가능할 정도의 중병임을 요한다고 할 것이고, '기타 사유'는 사망 또는 질병에 준하여 증인으로 소환될 당시부터 기억력이나 분별력의 상실 상태에 있다거나 증인소환장을 송달받고 출석하지 아니하여 구인을 명하였으나 끝내 구인의 집행이 되지 아니하는 등으로 진술을 요할 자가 공판준비 또는 공판기일에 진술할 수 없는 예외적인 사유가 있어야 한다[대판 2006.5.25. 2004도3619].

2. [1] '외국거주'는 진술을 하여야 할 사람이 단순히 외국에 있다는 것만으로는 부족하고, 가능하고 상당한 수단을 다하더라도 그 사람을 법정에 출석하게 할 수 없는 사정이 있어야 예외적으로 그 요건이 충족될 수 있다고 할 것인데, 통상적으로 그 요건이 충족되었는지는 소재의 확인, 소환장의 발송과 같은 절차를 거쳐 확정되는 것이기는 하지만 항상 그러한 절차를 거쳐야만 되는 것은 아니고, 경우에 따라서는 비록 그러한 절차를 거치지 않더라도 법원이 그 사람을 법정에서 신문하는 것을 기대하기 어려운 사정이 있다고 인정할 수 있다면 그 요건은 충족된다고 보아야 한다. [17 국가9급, 16 법원9급]*
[2] 검사 제출 이메일의 작성자인 乙은 프랑스에 거주하고 있고, 코리아연대의 총책으로 피고인 甲 등에 대한 공소사실 중 코리아연대 구성에 의한 국가보안법 위반(이적단체의 구성 등) 부분의 (공동정범에 해당하기 때문에) 법원으로부터 소환장을 송달받는다고 하더라도 법정에 증인으로 출석할 것을 기대하기 어렵다고 봄이 상당하므로, 법원이 그의 소재 확인, 소환장 발송 등의 조치를 다하지 않았다고 하더라도 형사소송법 제314조의 '외국거주' 요건이 충족되었다고 할 수 있다고 한 사례[대판 2016.10.13. 2016도8137].
   동지판례 진술을 요할 자가 차량공급업체 선정과 관련한 특가법위반(알선수재) 혐의로 수사를 받던 중 미국으로 불법도피하여 그곳에 거주하고 있는 경우 형사소송법 제314조의 '외국거주' 요건이 충족되었다고 할 수 있다[대판 2002.3.26. 2001도5666].

3. 진술을 요하는 자가 외국에 거주하고 있어 공판정 출석을 거부하면서 공판정에 출석할 수 없는 사정을 밝히고 있다고 하더라도 증언 자체를 거부하는 의사가 분명한 경우가 아닌 한 거주하는 외국의 주소나 연락처 등이 파악되고, 해당 국가와 대한민국 간에 국제형사사법공조조약이 체결된 상태라면 우선 사법공조의 절차에 의하여 증인을 소환할 수 있는지 여부를 검토해 보아야 하고, 소환을 할 수 없는 경우라고 하더라도 외국의 법원에 사법공조로 증인신문을 실시하도록 요청하는 등의 절차를 거쳐야 한다고 할 것이고, 이러한 절차를 전혀 시도해 보지도 아니한 것은 가능하고 상당한 수단을 다하더라도 그 진술을 요하는 자를 법정에 출석하게 할 수 없는 사정이 있는 때에 해당한다고 보기 어렵다[대판 2016.2.18. 2015도17115].

4. '소재불명 그 밖에 이에 준하는 사유로 인하여 진술할 수 없는 때'라고 함은 소환장이 주소불명 등으로 송달불능이 되어 소재탐지촉탁까지 하여 소재수사를 하였는데도 그 소재를 확인할 수 없는 경우라야 이에 해당하고, 단지 소환장이 주소불명 등으로 송달불능되었다는 것만으로는 이에 해당한다고 보기에 부족하다[대판 2010.9.9. 2010도2602].

⚖️ 판례 | 형사소송법 제314조의 '필요성'에 대한 입증 주체(= 검사)

'소재불명이거나 그 밖에 이에 준하는 사유로 인하여 진술할 수 없는 때'에 해당한다고 인정할 수 있으려면, 증인의 법정 출석을 위한 가능하고도 충분한 노력을 다하였음에도 불구하고 부득이 증인의 법정 출석이 불가능하게 되었다는 사정을 검사가 입증한 경우여야 한다[대판 2013.10.17. 2013도5001]. [18 변호사, 17 국가9급]*

📚 판례 | 형사소송법 제314조의 '필요성'이 인정되는 경우

1. 진술을 요할 자가 중풍·언어장애 등 장애등급 3급 5호의 장애로 인하여 법정에 출석할 수 없었고, 그 후 신병을 치료하기 위하여 속초로 간 후에는 그에 대한 소재탐지가 불가능하게 된 경우[대판 1999.5.14. 99도202] [17 경찰승진, 16 경찰승진]*

2. 원진술자가 공판정에서 진술을 한 경우라도 증인신문 당시 일정한 사항에 관하여 "기억이 나지 않는다."는 취지로 진술하여 그 진술의 일부가 재현 불가능하게 된 경우[대판 2006.4.14. 2005도9561; 대판 1999.11.26. 99도3786] [18 경찰승진, 17 경찰승진, 17 국가9급]*

   동지판례 피해자가 증인으로 소환당할 당시부터 노인성 치매로 인한 기억력 장애, 분별력 상실 등으로 인하여 진술할 수 없는 경우[대판 1992.3.13. 91도2281] [16 법원9급, 16 경찰승진]*

3. 진술을 요할 자가 일본으로 이주한 이래 전자우편에 의한 연락 이외에 그 주거지나 거소 등이 파악되지 않았고, 수사기관이 전자우편 주소로 증인 출석을 수차례 권유하였으나 자필진술서를 통하여 증언을 거부할 뜻을 명확히 표시한 경우[대판 2013.7.26. 2013도2511] [16 경찰승진]*

4. 증인이 미국으로 출국하여 그곳에 거주하고 있음이 밝혀지고 또한 증인이 제1심 법원에 경위서를 제출하면서 장기간 귀국할 수 없음을 통보한 경우[대판 2007.6.14. 2004도5561] [17 경찰승진]*

5. 일본에 거주하는 사람을 증인으로 채택하여 환문코자 하였으나 외무부로부터 현재 일본 측에서 형사사건에 대하여는 양국 형법체계상의 상이함을 이유로 송달에 응하지 않고 있어 그 송달이 불가능하다는 취지의 회신을 받은 경우[대판 1987.9.8. 87도1446]

6. 진술을 요할 자가 일정한 주거를 가지고 있더라도 법원의 소환에 계속 불응하고 구인하여도 구인장이 집행되지 않는 경우[대판 2000.6.9. 2000도1765] [16 법원9급]*

7. 법원이 증인으로 채택, 소환하였으나 계속 불출석하여 3회에 걸쳐 구인영장을 발부하였으나 가출하여 소재불명이라는 이유로 집행되지 않는 경우[대판 1986.2.5. 85도2788]

📚 판례 | 형사소송법 제314조의 필요성이 인정되지 않는 경우

1. 진술자가 만 5세 무렵에 당한 성추행으로 인하여 외상후 스트레스 증후군을 앓고 있다는 등의 이유로 공판정에 출석하지 아니한 경우[대판 2006.5.25. 2004도3619] [16 경찰승진]*

2. 원진술자가 공판기일에 증인으로 소환받고도 출산을 앞두고 있다는 이유로 출석하지 아니한 경우[대판 1999.4.23. 99도915]

3. 피해자 등을 증인으로 채택하여 수회에 걸쳐 증인소환장의 송달을 실시하였으나 송달이 되지 아니하자, 증인에 대한 소재탐지촉탁을 하는 등 소재수사를 한 바 없이 증인 채택을 취소한 경우[대판 2010.9.9. 2010도2602]

4. 증인의 주소지가 아닌 곳으로 소환장을 보내 송달불능이 되고 그곳을 중심으로 소재탐지를 하여 불능 회보를 받은 경우[대판 2006.12.22. 2006도7479] [18 경찰승진]*

5. 단지 소환장이 주소불명 등으로 송달불능되었다거나 소재탐지촉탁을 하였으나 그 회보가 오지 않은 경우[대판 1996.5.14. 96도575] [18 변호사]*

6. 소환을 받고도 2회나 출석하지 아니한 자에 대하여는 구인신청도 하지 아니한 채 검사가 도리어 양자의 소환신청을 철회한 경우[대판 1969.5.13. 69도364]

7. 경찰이 증인과 가족의 실거주지를 방문하지 않은 상태에서 전화상으로 '증인의 모(母)로부터 법정에 출석케 할 의사가 없다'는 취지의 진술을 들었다는 내용의 구인장 집행불능 보고서를 제출하고 있을 뿐이고, 검사가 증인의 법정 출석을 위하여 상당한 노력을 기울이지 않은 경우[대판 2007.1.11. 2006도7228]

8. 증인에 대한 소환장이 송달불능되자 소재탐지를 촉탁하여 소재탐지 불능보고서를 제출받은 경우. 다만, 검사가 직접 또는 경찰을 통하여 기록에 나타난 증인의 전화번호로 연락하여 법정 출석의사가 있는지 확인하는 등의 방법으로 증인의 법정 출석을 위하여 상당한 노력을 기울이지 않았음[대판 2013.4.11. 2013도1435]

⚖ 판례 | 증언거부권(진술거부권)행사의 경우 제314조에 의하여 증거능력을 인정할 수 없다는 판례

[1] 법정에 출석한 증인이 형사소송법 제148조, 제149조 등에서 정한 바에 따라 정당하게 증언거부권을 행사하여 증언을 거부한 경우는 형사소송법 제314조의 '그 밖에 이에 준하는 사유로 인하여 진술할 수 없는 때'에 해당하지 아니한다. [22 경간부, 20 변호사, 19 변호사, 19 경찰승진, 18 경찰채용, 17 법원9급, 17 국가7급, 17 경찰승진, 17 국가9급, 16 변호사, 16 법원9급]*
[2] 변호사가 법률자문 과정에 작성하여 갑 회사 측에 전송한 전자문서를 출력한 '법률의견서'는 압수된 디지털 저장매체로부터 출력한 문건으로서 실질에 있어서 형사소송법 제313조 제1항에 규정된 '피고인 아닌 자가 작성한 진술이나 그 진술을 기재한 서류'에 해당하는데, 공판준비 또는 공판기일에서 작성자 또는 진술자인 변호사의 진술에 의하여 성립의 진정함이 증명되지 아니하였으므로 위 규정에 의하여 증거능력을 인정할 수 없고, 나아가 원심 공판기일에 출석한 변호사가 그 진정성립 등에 관하여 진술하지 아니한 것은 형사소송법 제149조에서 정한 바에 따라 정당하게 증언거부권을 행사한 경우에 해당하므로 형사소송법 제314조에 의하여 증거능력을 인정할 수도 없다[대판(전) 2012.5.17. 2009도6788]. [23 변호사]*
동지판례 피고인이 증거서류의 진정성립을 묻는 검사의 질문에 대하여 진술거부권을 행사하여 진술을 거부한 경우는 형사소송법 제314조의 '그 밖에 이에 준하는 사유로 인하여 진술할 수 없는 때'에 해당하지 아니한다[대판 2013.6.13. 2012도16001]. [19 변호사, 19 국가9급, 16 법원9급]*

⚖ 판례 | 정당하게 증언거부권을 행사한 것이 아니라도, 피고인이 증인의 증언거부 상황을 초래하였다는 등의 특별한 사정이 없는 한 형사소송법 제314조의 '그 밖에 이에 준하는 사유로 인하여 진술할 수 없는 때'에 해당하지 않음

수사기관에서 진술한 참고인이 법정에서 증언을 거부하여 피고인이 반대신문을 하지 못한 경우에는 정당하게 증언거부권을 행사한 것이 아니라도, 피고인이 증인의 증언거부 상황을 초래하였다는 등의 특별한 사정이 없는 한 형사소송법 제314조의 '그 밖에 이에 준하는 사유로 인하여 진술할 수 없는 때'에 해당하지 않는다고 보아야 한다. 따라서 증인이 정당하게 증언거부권을 행사하여 증언을 거부한 경우와 마찬가지로 수사기관에서 그 증인의 진술을 기재한 서류는 증거능력이 없다. [22 경간부]*
다만 피고인이 증인의 증언거부 상황을 초래하였다는 등의 특별한 사정이 있는 경우에는 형사소송법 제314조의 적용을 배제할 이유가 없다. 이러한 경우까지 형사소송법 제314조의 '그 밖에 이에 준하는 사유로 인하여 진술할 수 없는 때'에 해당하지 않는다고 보면 사건의 실체에 대한 심증 형성은 법관의 면전에서 본래증거에 대한 반대신문이 보장된 증거조사를 통하여 이루어져야 한다는 실질적 직접심리주의와 전문법칙에 대하여 예외를 정한 형사소송법 제314조의 취지에 반하고 정의의 관념에도 맞지 않기 때문이다[대판(전) 2019.11.21. 2018도13945]. [23 변호사]*

---

2) 특신상태

필요성이 인정되는 경우라도 조서 또는 서류는 그 진술 또는 작성이 특히 신빙할 수 있는 상태하에서 행해진 경우에 증거능력이 인정된다.

⚖ 판례 | 형사소송법 제314조의 '특히 신빙할 수 있는 상태하에서 행하여졌음'의 의미와 증명정도

1. 형사소송법 제314조 단서에 규정된 '그 작성이 특히 신빙할 수 있는 상태에서 행하여졌음이 증명된 때'는 그 서류의 작성에 허위 개입의 여지가 거의 없고 신빙성이나 임의성을 담보할 구체적이고 외부적인 정황이 증명된 때를 의미한다[대판 2016.10.13. 2016도8137]. [18 경찰채용]*

2. 법원이 형사소송법 제314조에 따라 증거능력을 인정하기 위하여는 단순히 그 진술이나 조서의 작성과정에 뚜렷한 절차적 위법이 보이지 않는다거나 진술의 임의성을 의심할 만한 구체적 사정이 없다는 것만으로는 부족하고, 이를 넘어 법정에서의 반대신문 등을 통한 검증을 굳이 거치지 않더라도 진술의 신빙성과 임의성을 충분히 담보할 수 있는 구체적이고 외부적인 정황이 있어 그에 기초하여 법원이 유죄의 심증을 형성하더라도 증거재판주의의 원칙에 어긋나지 않는다고 평가할 수 있는 정도에 이르러야 한다[대판 2014.8.26. 2011도6035].

3. **(특신상황의 입증의 정도)** 참고인의 진술 또는 작성이 '특히 신빙할 수 있는 상태하에서 행하여졌음에 대한 증명'은 단지 그러할 개연성이 있다는 정도로는 부족하고 합리적인 의심의 여지를 배제할 정도에 이르러야 한다. 나아가 이러한 법리는 원진술자의 소재불명 등을 전제로 하고 있는 형사소송법 제316조 제2항의 경우에도 그대로 적용된다[대판 2017.7.18. 2015도12981]. [23 경간부, 23 변호사, 20 경간부, 19 국가7급, 19 국가9급, 17 법원9급]*

8. 당연히 증거능력이 있는 서류 - (제315조)

(1) 의의

제315조의 서류는 진술서 또는 진술녹취서에 해당하나 특히 신용성이 높고 그 작성자인 공무원이나 업무자를 증인으로 신문하는 것이 부적당하고 실익이 없기 때문에 당연히 증거능력을 인정하는 것이다.

(2) 내용

1) 공무원이 직무상 증명할 수 있는 사항에 관하여 작성한 문서(제1호)

가족관계기록사항에 관한 증명서, 공정증서등본 기타 공무원 또는 외국공무원의 직무상 증명할 수 있는 사항에 관하여 작성한 문서는 당연히 증거능력이 있다.

부동산등기부, 상업등기부, 인감증명서, 신원증명서, 보건사회부장관의 시가보고서, 세관공무원의 시가감정서 등이 있다.

🔑 판례 | 제315조 제1호에 의하여 당연히 증거능력이 인정되는 서류

1. 국립과학수사연구소장 작성의 감정의뢰회보서[대판 1982.9.14. 82도1504]
2. 일본 하관(下關)세관서 통괄심리관 작성의 범칙물건감정서등본과 분석의뢰서 및 분석회답서등본[대판 1984.2.28. 83도3145] [19 경찰승진, 16 경찰승진]*
3. 시가감정 업무에 4~5년 종사해 온 세관공무원이 세관에 비치된 기준과 수입신고서에 기재된 가격을 참작하여 작성한 감정서[대판 1985.4.9. 85도225] [20 국가7급, 18 법원9급]*
4. 군의관이 작성한 진단서[대판 1972.6.13. 72도922]

---

2) 업무상 필요로 작성한 통상문서(제2호)

상업장부, 항해일지 기타 업무상 필요로 작성한 통상문서는 당연히 증거능력이 있다. 금전출납부, 전표, 통계표, 의사의 진료부 등이 이에 해당한다.

🔑 판례 | 제315조 제2호에 의하여 당연히 증거능력이 인정되는 서류

성매매업소에서 영업에 참고하기 위하여 성매매 상대방에 관한 정보를 입력하여 작성한 메모리카드의 내용[대판 2007.7.26. 2007도3219] [20 국가9급, 19 경찰승진, 18 법원9급, 17 경찰채용]*

---

3) 기타 특히 신용할 만한 정황에 의하여 작성된 문서(제3호)

제1호 내지 제2호에 준하는 서류로 당연히 증거능력이 인정된다. 공공기록, 역서, 정기간행물의 시장가격표, 스포츠기록, 공무소 작성의 통계 · 연표, 다른 사건의 공판조서 등이 이에 해당한다.

⚖️ 판례 | 제315조 제3호에서 규정한 '기타 특히 신용할 만한 정황에 의하여 작성된 문서' 의의

[1] **(의의)** 상업장부나 항해일지, 진료일지 또는 이와 유사한 금전출납부 등과 같이 범죄사실의 인정 여부와는 관계없이 자기에게 맡겨진 사무를 처리한 내역을 그때그때 계속적, 기계적으로 기재한 문서는 사무처리 내역을 증명하기 위하여 존재하는 문서로서 형사소송법 제315조 제2호에 의하여 당연히 증거능력이 인정된다. 그리고 형사소송법 제315조 제3호에서 규정한 '기타 특히 신용할 만한 정황에 의하여 작성된 문서'는 형사소송법 제315조 제1호와 제2호에서 열거된 공권적 증명문서 및 업무상 통상문서에 준하여 '굳이 반대신문의 기회 부여 여부가 문제되지 않을 정도로 고도의 신용성의 정황적 보장이 있는 문서'를 의미한다. [22 경찰채용, 20 국가7급, 19 국가9급, 18 경찰승진]*

[2] **(제315조 제3호에서 규정하는 당연히 증거능력이 있는 서류에 해당되지 않는 경우)** 사무처리 내역을 계속적, 기계적으로 기재한 문서가 아니라 범죄사실의 인정 여부와 관련 있는 어떠한 의견을 제시하는 내용을 담고 있는 문서는 형사소송법 제315조 제3호에서 규정하는 당연히 증거능력이 있는 서류에 해당한다고 볼 수 없다. 이른바 보험사기 사건에서 건강보험심사평가원이 수사기관의 의뢰에 따라 그 보내온 자료를 토대로 입원진료의 적정성에 대한 의견을 제시하는 내용의 '건강보험심사평가원의 입원진료 적정성 여부 등 검토의뢰에 대한 회신'은 형사소송법 제315조 제3호의 '기타 특히 신용할 만한 정황에 의하여 작성된 문서'에 해당하지 않는다[대판 2017.12.5, 2017도12671]. [20 변호사, 20 국가9급, 19 경찰승진, 19 경찰채용, 18 법원9급]*

⚖️ 판례 | 제315조 제3호에 의하여 당연히 증거능력이 인정되는 서류

1. 다른 피고인에 대한 형사사건의 공판조서 및 그 공판조서 중 일부인 증인신문조서[대판 2005.4.28, 2004도4428]. [20 국가7급, 19 경찰승진]*

2. 법원이 구속피의자를 심문하고 그 진술을 기재한 구속적부심문조서[대판 2004.1.16, 2003도5693]. [23 변호사, 22 경찰채용, 20 경찰승진, 19 경찰승진, 19 경찰채용, 19 국가9급, 18 경찰채용, 18 법원9급, 17 경간부, 17 경찰채용]*

⚖️ 판례 | 제315조가 적용되지 않아 당연히 증거능력이 인정된다고 할 수 없는 서류

1. 사인인 의사가 작성한 진단서[대판 1976.4.13, 76도500]

   ※ 의사의 진단서는 당연히 증거능력이 인정되는 서류가 아니지만, 의사의 진료부는 당연히 증거능력이 인정되는 서류임을 주의하여야 한다.

2. 주민들의 진정서사본[대판 1983.12.13, 83도2613]

3. 사법경찰관사무취급 작성 실황조사서[대판 1982.9.14, 82도1504]

4. 유치장 근무자가 작성한 체포 · 구속인접견부 사본[대판 2012.10.25, 2011도5459] [19 국가7급, 16 국가9급]*

5. 육군과학수사연구소 실험분석관이 작성한 감정서[대판 1976.10.12, 76도2960] [16 경찰승진]*

6. 청와대 경제수석비서관이 사무처리의 편의를 위하여 자신이 경험한 사실 등을 기재한 업무수첩[대판(전) 2019.8.29, 2018도14303]

9. 전문진술

(1) 피고인의 진술을 내용으로 하는 전문진술 – (제316조 제1항)

피고인이 아닌 자(공소제기 전에 피고인을 피의자로 조사하였거나 그 조사에 참여하였던 자 포함)의 공판준비 또는 공판기일에서의 진술이 피고인의 진술을 그 내용으로 하는 것인 때에는 그 진술이 특히 신빙할 수 있는 상태하에서 행하여졌음이 증명된 때에 한하여 이를 증거로 할 수 있다(제316조 제1항). [22 경간부, 20 경찰승진, 18 경찰채용]*

(2) 피고인 아닌 타인의 진술을 내용으로 하는 전문진술 – (제316조 제2항)

피고인 아닌 자(공소제기 전에 피고인을 피의자로 조사하였거나 그 조사에 참여하였던 자 포함)의 공판준비 또는 공판기일에서의 진술이 피고인 아닌 타인의 진술을 그 내용으로 하는 것인 때에는 원진술자가 사망, 질병, 외국거주, 소재불명 그 밖에 이에 준하는 사유로 인하여 진술할 수 없고, 그 진술이 특히 신빙할 수 있는 상태하에서 행하여졌음이 증명된 때에 한하여 이를 증거로 할 수 있다(제316조 제2항). [22 경간부, 18 경찰승진]*

📖 판례 | 형사소송법 제316조 제2항 소정의 '피고인 아닌 타인'의 의미(=공동피고인이나 공범자를 모두 포함한 제3자)

형사소송법 제316조 제2항에 의하면, 피고인 아닌 자(甲)의 공판준비 또는 공판기일에서의 진술이 피고인 아닌 타인(乙)의 진술을 그 내용으로 하는 것인 때에는 원진술자가 사망, 질병, 외국거주, 소재불명 그 밖에 이에 준하는 사유로 인하여 진술할 수 없고 그 진술이 특히 신빙할 수 있는 상태하에서 행하여졌음이 증명된 때에 한하여 이를 증거로 할 수 있다고 규정하고 있고, 여기서 말하는 '피고인 아닌 자(乙)'라고 함은 제3자는 말할 것도 없고 공동피고인이나 공범자를 모두 포함한다[대판 2011.11.24. 2011도7173]. [20 변호사, 20 경찰승진]*

📖 판례 | 전문진술에 있어 원진술자가 증언능력에 준하는 능력을 갖춘 상태에 있어야 하는지의 여부(적극)

전문의 진술을 증거로 함에 있어서는 전문진술자가 원진술자로부터 진술을 들을 당시 원진술자가 증언능력에 준하는 능력을 갖춘 상태에 있어야 한다[대판 2006.4.14. 2005도9561]. [20 경찰승진, 18 경찰승진, 17 경찰승진, 17 경간부]*

📖 판례 | 형사소송법 제316조 제2항에 의하여 증거능력이 인정되는 경우

1. 증인 A가 'B도 저와 똑같은 방법으로 금품을 강취당하고 윤간을 당하였다고 하더라'라고 증언한 경우, B가 소재불명으로 인하여 진술할 수 없고 그 진술내용은 B가 범행을 당한 직후 같이 범행을 당한 A에게 한 그 범행 당한 경위와 내용에 관한 진술로서 특히 신빙할 수 있는 상태하에서 행하여진 것으로 인정되므로 A의 진술은 증거능력이 있다[대판 1981.7.7. 81도1282].

2. 증인 등의 진술내용이 주한미국대사관 경비근무 중이었던 미군인의 진술을 전문한 것이라고 하더라도 동인이 한국근무를 마치고 귀국하여 진술할 수가 없고 또 그 진술이 동인작성의 근무일지 사본의 기재 등에 비추어 특히 신빙할 수 있는 상태하에서 행하여진 것으로 보고 이를 증거로 채택하였음에 잘못이 없다[대판 1976.10.12. 76도2781].

📖 판례 | 원진술자가 법정에 출석하여 진술하고 있는 경우: 형사소송법 제316조 제2항에 해당하지 않아 증거능력이 인정되지 않는 경우

1. 전문진술의 원진술자가 공동피고인이어서 형사소송법 제316조 제2항 소정의 '피고인 아닌 타인'에는 해당하나 법정에서 공소사실을 부인하고 있어서 '원진술자가 사망, 질병 기타 사유로 인하여 진술할 수 없는 때'에는 해당되지 않는다[대판 2000.12.27. 99도5679].

2. 피해자가 제1심 법정에 출석하여 증언을 한 사건에 있어서는 원진술자인 피해자가 질병, 외국거주, 소재불명 그 밖에 이에 준하는 사유로 인하여 진술할 수 없는 때에 해당되지 아니하므로 피해자의 진술을 그 내용으로 하는 증인의 증언은 전문증거로서 증거능력이 없다[대판 2011.11.24. 2011도7173]. [23 변호사]*

   동지판례 원진술자가 법정에 출석하여 수사기관에서의 진술을 부인하는 취지로 증언을 한 이상 원진술자의 진술을 내용으로 하는 조사자의 증언은 증거능력이 없다[대판 2008.9.25. 2008도6985]. [20 경찰승진, 17 경찰승진, 17 경간부]*

3. **(주의)** 현행 형사항소심이 속심 겸 사후심의 구조로 되어 있고, 제1심법원에서 증거로 할 수 있었던 증거는 항소법원에서도 증거로 할 수 있는 점(형사소송법 제363조 제3항) 등에 비추어 보면, 원진술자가 제1심법원에 출석하여 진술을 하였다가 항소심에 이르러 진술할 수 없게 된 경우를 형사소송법 제316조 제2항에서 정한 '원진술자가 진술할 수 없는 경우'에 해당한다고는 할 수 없다[대판 2001.9.28. 2001도3997].

피고인이 새마을금고 이사장 선거와 관련하여 대의원 甲에게 자신을 지지해 달라고 부탁하면서 현금 50만원을 제공하였다고 하여 새마을금고법 위반으로 기소되었는데, 검사는 사법경찰관 작성의 공범 甲에 대한 피의자신문조서 및 진술조서를 증거로 제출하고, 검사가 신청한 증인 乙은 법정에 출석하여 '甲으로부터 피고인에게서 50만원을 받았다는 취지의 말을 들었다'고 증언한 사안에서, 甲이 법정에 출석하여 위 피의자신문조서 및 진술조서의 성립의 진정을 인정하였더라도 피고인이 공판기일에서 그 조서의 내용을 모두 부인한 이상 이는 증거능력이 없고, 한편 제1심 및 원심 공동피고인인 甲은 원심에 이르기까지 일관되게 피고인으로부터 50만원을 받았다는 취지의 공소사실을 부인한 사실에 비추어 원진술자 甲이 사망, 질병, 외국거주, 소재불명 그 밖에 이에 준하는 사유로 인하여 진술할 수 없는 때에 해당하지 아니하여 甲의 진술을 내용으로 하는 乙의 법정증언은 전문증거로서 증거능력이 없다고 한 사례[대판 2019.11.14. 2019도11552].

10. 재전문

(1) 의의

전문법칙의 예외규정에 의해 증거능력이 인정되는 전문증거의 내용에 또다시 전문증거가 포함되어 있는 경우, 즉 이중의 전문이 되는 경우를 재전문이라 한다.

(2) 증거능력 인정 여부

판례는 전문진술을 기재한 조서(재전문서류)는 증거능력이 인정될 수 있으나, 재전문진술 또는 재전문진술을 기재한 조서는 증거능력을 인정할 수 없다는 입장이다.

전문진술이나 전문진술을 기재한 조서는 형사소송법 제310조의2의 규정에 의하여 원칙적으로 증거능력이 없으나, 다만 피고인 아닌 자의 공판준비 또는 공판기일에서의 진술이 피고인의 진술을 그 내용으로 하는 것(전문진술 – 저자 주)인 때에는 형사소송법 제316조 제1항의 규정에 따라 그 진술이 특히 신빙할 수 있는 상태하에서 행하여진 때에 한하여 이를 증거로 할 수 있고, 그 전문진술이 기재된 조서는 형사소송법 제312조 내지 314조의 규정에 의하여 그 증거능력이 인정될 수 있는 경우에 해당하여야 함은 물론, 나아가 형사소송법 제316조 제1항의 규정에 따른 위와 같은 조건을 갖춘 때에 예외적으로 증거능력을 인정하여야 할 것이며, 형사소송법 제316조 제1항에서 말하는 '그 진술이 특히 신빙할 수 있는 상태하에서 행하여진 때'라 함은 그 진술을 하였다는 것에 허위 개입의 여지가 거의 없고, 그 진술 내용의 신빙성이나 임의성을 담보할 구체적이고 외부적인 정황이 있는 경우를 가리킨다[대판 2012.5.24. 2010도5948]. [19 변호사, 19 경찰채용, 17 경찰승진, 17 경간부]*

전문진술이나 전문진술을 기재한 조서는 형사소송법 제310조의2의 규정에 의하여 원칙적으로 증거능력이 없는 것인데, 다만 피고인 아닌 자의 공판준비 또는 공판기일에서의 진술이 피고인 아닌 타인의 진술을 그 내용으로 하는 것(전문진술 – 저자 주)인 때에는 형사소송법 제316조 제2항의 규정에 따라 원진술자가 사망, 질병, 외국거주 기타 사유로 인하여 진술할 수 없고 그 진술이 특히 신빙할 수 있는 상태하에서 행하여진 때에 한하여 예외적으로 증거능력이 있다고 할 것이고, 그 전문진술이 기재된 조서는 형사소송법 제312조 또는 제314조의 규정에 의하여 각 그 증거능력이 인정될 수 있는 경우에 해당하여야 함은 물론 나아가 형사소송법 제316조 제2항의 규정에 따른 위와 같은 요건을 갖추어야 예외적으로 증거능력이 있다[대판 2001.7.27. 2001도2891]. [19 경간부, 19 경찰채용, 18 변호사, 16 변호사]*

▶ **전문법칙의 예외규정**

구분	적용 대상	증거능력 인정요건
제311조	법원·법관의 면전 조서	당연히 증거능력 인정
제312조 제1항	검사 작성 피의자신문조서	적법절차와 방식 + 내용인정
제312조 제3항	사법경찰관 작성 피의자신문조서(공동피고인에 대한 피의자신문조서 포함)	적법절차와 방식 + 내용의 인정
제312조 제4항	검사 또는 사법경찰관 작성 참고인진술조서	적법절차와 방식 + 실질적 진정성립 + 특신상태 + 원진술자 반대신문가능성
제312조 제5항	검사 또는 사법경찰관의 수사과정에서 작성한 진술서	제312조 제1항부터 제4항까지 준용
제312조 제6항	검사 또는 사법경찰관 작성 검증조서	적법절차 + 성립의 진정
제313조	사인 작성 진술서·진술기재서류 다만, 수사과정에서 작성한 진술서는 제312조 제1항 내지 제4항 적용(제312조 제5항)	작성자(진술자)의 자필 또는 서명 또는 날인 + 성립의 진정
제314조	제312조 및 제313조의 증거에 적용 다만, 제312조 제3항의 증거에는 적용되지 않음(판례)	필요성(사망·질병·외국거주·소재불명 등) + 특신상태
제315조	당연히 증거능력이 있는 서류	당연히 증거능력 인정
제316조 제1항	피고인의 진술을 그 내용으로 하는 전문진술	특신상태
제316조 제2항	피고인 아닌 타인의 진술을 그 내용으로 하는 전문진술	필요성(사망·질병·외국거주·소재불명 등) + 특신상태

※ 제313조 제1항과 제314조의 서류 등에는 '피고인 또는 피고인 아닌 자가 작성하였거나 진술한 내용이 포함된 문자·사진·영상 등의 정보로서 컴퓨터용디스크 그 밖에 이와 비슷한 정보저장매체에 저장된 것'도 포함됨

11. 진술의 임의성

(1) 의의

형사소송법 제317조는 "① 피고인 또는 피고인 아닌 자의 진술이 임의로 된 것이 아닌 것은 증거로 할 수 없다. ② 전항의 서류는 그 작성 또는 그 내용인 진술이 임의로 되었다는 것이 증명된 것이 아니면 증거로 할 수 없다. ③ 검증조서의 일부가 피고인 또는 피고인 아닌 자의 진술을 기재한 것인 때에는 그 부분에 한하여 전 제2항의 예에 의한다."라고 규정하여 진술을 증거로 사용하기 위해서는 임의성이 인정될 것을 요구하고 있다.

(2) 임의성의 의미(제309조와의 관계)

제309조(자백배제법칙)와 제317조는 진술내용이 자백인가 그 외의 진술인가에 차이가 있을 뿐이다. 즉, 제309조는 제317조의 특별규정에 지나지 않으므로 임의성의 의미에는 양자가 차이가 없다. 즉, 임의성이란 위법의 개입이 없이 진술이 자유의사에 의하여 이루어진 것을 말한다.

(3) 진술의 임의성과 증거능력

진술이 임의로 된 것이 아닌 것은 증거로 할 수 없으므로 증거능력이 인정되지 않는다. 따라서 전문증거는 전문법칙의 예외요건을 구비한 경우라도 진술의 임의성이 인정되지 않으면 증거능력이 인정되지 않는다.

⚖ 판례 | 진술의 임의성이 없다고 볼 수 없는 경우

[1] 범죄의 피해자인 검사가 그 사건의 수사에 관여하거나 압수·수색영장의 집행에 참여한 검사가 다시 수사에 관여하였다는 이유만으로 바로 그 수사가 위법하다거나 그에 따른 참고인이나 피의자의 진술에 임의성이 없다고 볼 수는 없다.
[2] 압수·수색영장의 집행과정에서 폭행 등의 피해를 당한 검사 등이 수사에 관여하였다는 이유만으로 그 검사 등이 작성한 참고인진술조서 등의 증거능력이 부정될 수 없다[대판 2013.9.12. 2011도12918]. [19 경찰승진, 18 경찰승진, 17 경찰채용, 16 법원9급]*

---

(4) 진술의 임의성에 대한 조사와 증명

① 진술의 임의성은 증거능력의 요건이므로 임의성에 관하여 의심할 만한 사정이 있는 경우 법원은 직권으로 이를 조사하여야 한다. 진술의 임의성은 소송법적 사실이므로 자유로운 증명으로 족하다.
② 임의성에 대한 거증책임은 증거를 제출하는 당사자에게 있다.

⚖ 판례 | 진술의 임의성(= 법원의 직권 조사), 임의성 없는 진술(= 증거동의 대상 아님), 검찰진술조서의 임의성에 대한 거증책임(= 검사)

[1] 기록상 진술증거의 임의성에 관하여 의심할 만한 사정이 나타나 있는 경우에는 법원은 직권으로 그 임의성 여부에 관하여 조사를 하여야 하고, 임의성이 인정되지 아니하여 증거능력이 없는 진술증거는 피고인이 증거로 함에 동의하더라도 증거로 삼을 수 없다.
[2] 기록에 의하면 참고인에 대한 검찰 진술조서가 강압상태 내지 강압수사로 인한 정신적 강압상태가 계속된 상태에서 작성된 것으로 의심되어 그 임의성을 의심할 만한 사정이 있는데도, 검사가 그 임의성의 의문점을 없애는 증명을 하지 못하였으므로 증거능력이 없다[대판 2006.11.23. 2004도7900].

Ⅳ 전문법칙의 관련문제

1. 녹음테이프 등의 증거능력

(1) 녹음테이프 등의 특성과 법적규율

1) 녹음테이프

녹음테이프는 기록과 재생의 측면에서 사람의 지각이나 기억보다 정확성이 뛰어나고 살아있는 음성을 법원에 제공한다는 점에서 높은 증거가치를 가진다. 그러나 녹음자에 의하여 조작될 가능성이 있다는 위험성도 내포하고 있다. 형사소송법은 녹음테이프의 증거능력에 관하여 명문의 규정이 없기 때문에 그 증거능력에 관하여 학설과 판례의 견해가 대립한다.

2) 비디오테이프

비디오테이프도 녹음테이프에 관한 증거능력 이론이 그대로 적용된다.

(2) 진술녹음

1) 의의

진술녹음이란 피고인이나 피고인 아닌 자의 진술이 녹음되어 있고 그 진술내용의 진실성이 증명의 대상이 되는 경우를 말한다. 법원 또는 수사기관의 녹음이 될 수도 있고 일반 사인의 녹음이 될 수도 있다.

2) 진술녹음의 증거능력

진술녹음은 진술증거의 일종이므로 전문법칙이 적용된다. 진술녹음의 경우 진술'서류'가 진술'테이프'로 대체된 것에 불과하기 때문이다. 진술녹음의 증거능력은 견해의 대립은 있으나 작성주체와 작성시기에 따라 제311조 내지 제315조를 적용하여 판단하여야 한다.

판례 | 녹음테이프(녹음파일)에 담긴 진술 내용의 진실성이 증명의 대상이 되는 때(= 전문법칙 적용)

피고인 또는 피고인 아닌 사람의 <u>진술을 녹음한 녹음파일은 실질에 있어서 피고인 또는 피고인 아닌 사람이 작성한 진술서</u>나 그 진술을 기재한 서류와 크게 다를 바 없어 그 녹음파일에 담긴 진술 내용의 진실성이 증명의 대상이 되는 때에는 전문법칙이 적용된다[대판(전) 2015.1.22. 2014도10978].

판례 | 사인이 녹음한 녹음테이프에 담긴 피고인 아닌 자의 진술내용을 증거로 사용하기 위한 요건 – 녹음테이프가 원본(또는 원본내용대로 복사된 사본) + 원칙 제313조 제1항의 본문요건(원진술자의 성립의 진정인정) 구비

수사기관이 아닌 <u>사인이 피고인 아닌 사람과의 대화내용을 녹음한 녹음테이프는 형사소송법 제311조, 제312조 규정 이외의 피고인 아닌 자의 진술을 기재한 서류와 다를 바 없으므로</u>, 피고인이 그 녹음테이프를 증거로 할 수 있음에 동의하지 아니하는 이상 그 증거능력을 부여하기 위해서는 첫째, 녹음테이프가 원본이거나 원본으로부터 복사한 사본일 경우에는 복사과정에서 편집되는 등의 인위적 개작 없이 원본의 내용 그대로 복사된 사본일 것, 둘째 형사소송법 제313조 제1항에 따라 공판준비나 공판기일에서 <u>원진술자의 진술에 의하여 그 녹음테이프에 녹음된 각자의 진술내용이 자신이 진술한 대로 녹음된 것이라는 점이 인정되어야 할 것이다[대판 2011.9.8. 2010도7497].</u> [17 경간부, 16 국가9급, 16 경간부]*

판례 | 사인이 녹음한 녹음테이프에 담긴 피고인의 진술내용을 증거로 사용하기 위한 요건 – 녹음테이프가 원본(또는 원본내용대로 복사된 사본) + (원진술자인 피고인이 성립의 진정을 부인한 경우) 제313조 제1항의 단서요건(작성자의 성립의 진정인정과 특신상태) 구비

피고인과 상대방 사이의 대화내용에 관한 녹취서가 공소사실의 증거로 제출되어 그 녹취서의 기재내용과 녹음테이프의 녹음내용이 동일한지 여부에 대하여 법원이 검증을 실시한 경우에, 증거자료가 되는 것은 녹음테이프에 녹음된 대화내용 그 자체이고, 그중 피고인의 진술내용은 실질적으로 형사소송법 제311조, 제312조의 규정 이외에 피고인의 진술을 기재한 서류와 다름없어 피고인이 그 녹음테이프를 증거로 할 수 있음에 동의하지 않은 이상 그 녹음테이프 검증조서의 기재 중 피고인의 진술내용을 증거로 사용하기 위해서는, 첫째 녹음테이프는 그 성질상 작성자나 진술자의 서명 혹은 날인이 없을 뿐만 아니라 녹음자의 의도나 특정한 기술에 의하여 그 내용이 편집, 조작될 위험성이 있음을 고려하여 그 대화내용을 녹음한 원본이거나 혹은 원본으로부터 복사한 사본일 경우에는 복사과정에서 편집되는 등의 인위적 개작 없이 원본의 내용 그대로 복사된 사본임이 증명되어야 하고, 둘째 형사소송법 제313조 제1항 단서에 따라 공판준비 또는 공판기일에서 그 작성자인 상대방의 진술에 의하여 녹음테이프에 녹음된 피고인의 진술내용이 피고인이 진술한 대로 녹음된 것임이 증명되고 나아가 그 진술이 특히 신빙할 수 있는 상태하에서 행하여진 것임이 인정되어야 한다[대판 2012.9.13. 2012도7461]. [20 경찰채용, 19 변호사, 19 경간부, 19 국가7급, 17 변호사, 17 국가7급, 16 국가7급, 16 국가9급]*

기출지문 사인(私人)이 피고인 아닌 자의 진술을 녹음한 녹음테이프에 대하여 법원이 실시한 검증의 내용이, 녹음테이프에 녹음된 대화내용이 검증조서에 첨부된 녹취서에 기재된 내용과 같다는 것에 불과한 경우, 그 검증조서는 형사소송법 제311조의 '법원의 검증의 결과를 기재한 조서'에 해당하여 그 조서 중 위 진술내용은 위 제311조에 의하여 증거능력이 인정된다. (×)

1. 사인인 甲이 피고인이 아닌 乙과의 대화내용을 녹음한 녹음테이프 등을 기초로 작성된 녹취록을 피고인이 증거로 함에 동의하지 않았고, 甲이 법정에서 "乙이 사건 당시 피고인의 말을 다 들었다. 그래서 지금 녹취도 해왔다."고 진술하였을 뿐, 검사는 녹취록 작성의 토대가 된 대화내용을 녹음한 원본 녹음테이프 등을 증거로 제출하지 아니하고, 원진술자인 甲과 乙의 진술에 의하여 자신들이 진술한 대로 기재된 것이라는 점이 인정되지 아니하는 등 녹취록의 진정성립을 인정할 수 있는 요건이 전혀 갖추어지지 않았으므로 녹취록의 기재는 증거능력이 없다[대판 2011.9.8. 2010도7497].

2. 피해자가 피고인과의 대화내용을 녹음한 디지털녹음기에 대한 증거조사절차를 거치지 아니한 채 그 녹음내용을 재녹음한 카세트테이프에 대한 제1심 검증조서 중 피고인의 진술부분을 유죄의 증거로 채택한 원심의 조치는 잘못된 것이다[대판 2005.12.23. 2005도2945].

수사기관이 아닌 사인이 피고인 아닌 사람과의 대화 내용을 촬영한 비디오테이프는 형사소송법 제311조, 제312조의 규정 이외에 피고인 아닌 자의 진술을 기재한 서류와 다를 바 없으므로, 피고인이 그 비디오테이프를 증거로 함에 동의하지 아니하는 이상 그 진술 부분에 대하여 증거능력을 부여하기 위하여는, 첫째 비디오테이프가 원본이거나 원본으로부터 복사한 사본일 경우에는 복사과정에서 편집되는 등 인위적 개작 없이 원본의 내용 그대로 복사된 사본일 것, 둘째 형사소송법 제313조 제1항에 따라 공판준비나 공판기일에서 원진술자의 진술에 의하여 그 비디오테이프에 녹음된 각자의 진술내용이 자신이 진술한 대로 녹음된 것이라는 점이 인정되어야 할 것인바, 비디오테이프는 촬영대상의 상황과 피촬영자의 동태 및 대화가 녹화된 것으로서, 녹음테이프와는 달리 피촬영자의 동태를 그대로 재현할 수 있기 때문에 비디오테이프의 내용에 인위적인 조작이 가해지지 않은 것이 전제된다면, 비디오테이프에 촬영, 녹음된 내용을 재생기에 의해 시청을 마친 원진술자가 비디오테이프의 피촬영자의 모습과 음성을 확인하고 자신과 동일인이라고 진술한 것은 비디오테이프에 녹음된 진술내용이 자신이 진술한 대로 녹음된 것이라는 취지의 진술을 한 것으로 보아야 한다[대판 2004.9.13. 2004도3161]. [18 경찰채용]*

(3) 현장녹음

현장녹음이란 범죄현장에서 범행에 수반하여 발성된 말이나 음향을 녹음한 것으로 일정한 시간·장소에서의 음향상황이 증명의 대상이 되는 것을 말한다.

(4) 전기통신의 감청과 공개되지 않은 타인 간의 대화 녹음

누구든지 통신비밀보호법 등 법령에 의하지 않고서는 전기통신을 감청하거나 공개되지 아니한 타인 간의 대화를 녹음 또는 청취하지 못한다(통신비밀보호법 제3조). 불법적인 감청에 의하여 지득 또는 채록된 전기통신의 내용은 이를 재판절차에서 증거로 사용할 수 없다(동법 제4조).

1. 전화통화가 통신비밀보호법에서 규정하고 있는 전기통신에 해당함은 전화통화의 성질 및 위 규정 내용에 비추어 명백하므로 이를 동법 제3조 제1항 소정의 '타인 간의 대화'에 포함시킬 수는 없고, 나아가, 동법 제2조 제7호가 규정한 '전기통신의 감청'은 그 전호의 '우편물의 검열' 규정과 아울러 고찰할 때 제3자가 전기통신의 당사자인 송신인과 수신인의 동의를 받지 아니하고 같은 호 소정의 각 행위를 하는 것만을 말한다고 풀이함이 상당하다고 할 것이므로, 전기통신에 해당하는 전화통화 당사자의 일방이 상대방 모르게 통화내용을 녹음(위 법에는 '채록'이라고 규정한다)하는 것은 여기의 감청에 해당하지 아니한다. 따라서 전화통화 당사자의 일방이 상대방 몰래 통화내용을 녹음하더라도, 대화 당사자 일방이 상대방 모르게 그 대화내용을 녹음한 경우와 마찬가지로 동법 제3조 제1항 위반이 되지 아니한다. 제3자의 경우는 설령 전화통화 당사자 일방의 동의를 받고 그 통화내용을 녹음하였다 하더라도 그 상대방의 동의가 없었던 이상, 동법 제3조 제1항 위반이 되고 이와 같이 제3조 제1항을 위반한 불법감청에 의하여 녹음된 전화통화의 내용은 제4조에 의하여 증거능력이 없다. 그리고 피고인이나 변호인이 이를 증거로 함에 동의하였다고 하더라도 달리 볼 것은 아니다. 이 점은 제3자가 공개되지 아니한 타인 간의 대화를 녹음한 경우에도 마찬가지이다[대판 2002.10.8. 2002도123; 대판 2019.3.14. 2015도1900]. [23 변호사, 20 경찰승진, 18 경간부, 16 경찰승진, 16 국가7급, 16 법원9급]*

관련판례 ⅰ) **(전화통화 당사자의 일방의 녹음 – 위법하지 않음)** 피고인이 범행 후 피해자에게 전화를 걸어오자 피해자가 증거를 수집하려고 그 전화내용을 녹음한 경우, 그 녹음테이프가 피고인 모르게 녹음된 것이라 하여 이를 위법하게 수집된 증거라고 할 수 없다[대판 1997.3.28, 97도240]. [20 경찰승진, 20 법원9급, 19 경간부, 19 국가9급, 18 경간부, 16 국가9급, 16 경찰승진, 16 경찰채용]*

ⅱ) **(전화통화 당사자의 일방의 녹음 – 위법하지 않음)** 골프장 운영업체가 예약전용 전화선에 녹취시스템을 설치하여 예약담당 직원과 고객 간의 골프장 예약에 관한 통화내용을 녹취한 행위는 통신비밀보호법 제3조 제1항 위반죄에 해당하지 않는다[대판 2008.10.23, 2008도1237].

ⅲ) **(제3자에 의한 전화통화 당사자 일방의 동의하의 녹음 – 위법함)** 필로폰 매도혐의로 기소된 피고인 甲에 대한 추가적인 증거확보를 목적으로, 검찰이 구속수감되어 있던 乙에게 그의 압수된 휴대전화를 제공하여 甲과 통화하게 하고 "내가 준 필로폰의 품질에는 아무런 문제가 없다."는 내용의 녹음이 들어 있는 휴대전화를 임의제출 형식으로 제출받은 후 휴대전화에 내장된 녹음파일에 대한 녹취록 등을 법원에 제출한 경우 피고인과 변호인의 증거동의에 상관없이 증거능력이 없다[대판 2010.10.14, 2010도9016]. [23 변호사, 20 변호사, 20 경찰승진, 20 경찰채용, 20 국가7급, 18 변호사, 18 경찰채용, 17 변호사, 16 국가9급]*

ⅳ) **(제3자에 의한 전화통화 당사자 일방의 동의하의 녹음 – 위법함)** 甲, 乙이 A와의 통화 내용을 녹음하기로 합의한 후 甲이 스피커폰으로 A와 통화하고 乙이 옆에서 이를 녹음한 경우, 전화통화의 당사자는 甲과 A이고, 乙은 제3자에 해당하므로 乙이 전화통화 당사자 일방인 甲의 동의를 받고 통화 내용을 녹음하였다고 하더라도 상대방인 A의 동의가 없었던 이상 이는 통신비밀보호법 제3조 제1항에 위반한 '전기통신의 감청'에 해당하여 그 녹음파일은 증거로 사용할 수 없고, 이는 A가 녹음파일 및 이를 채록한 녹취록에 대하여 증거동의를 하였다 하더라도 마찬가지이다[대판 2019.3.14, 2015도1900].

2. '전기통신의 감청'은 위 '감청'의 개념 규정에 비추어 현재 이루어지고 있는 전기통신의 내용을 지득·채록하는 경우와 통신의 송·수신을 직접적으로 방해하는 경우를 의미하는 것이지 전자우편이 송신되어 수신인이 이를 확인하는 등으로 이미 수신이 완료된 전기통신에 관하여 남아 있는 기록이나 내용을 열어보는 등의 행위는 포함하지 않는다 할 것이다. 따라서 이 사건 전자우편은 이미 수신을 완료한 후에 수집된 것임을 알 수 있으므로, 이 사건 전자우편의 수집행위가 통신비밀보호법이 금지하는 '전기통신의 감청'에 해당한다고 볼 수 없고, 따라서 이 사건 전자우편이 통신비밀보호법 제4조에 의하여 증거능력이 배제되는 증거라고 할 수 없다[대판 2013.11.28, 2010도12244]. [23 변호사, 20 경찰승진, 19 경찰채용, 19 국가7급, 18 경간부, 17 법원9급, 16 국가7급]*

기출지문 수사기관이 구속수감되어 있던 甲으로부터 피고인의 마약류관리에관한법률위반(향정) 범행에 대한 진술을 듣고 추가적인 증거를 확보할 목적으로, 甲에게 그의 압수된 휴대전화를 제공하여 피고인과 통화하고 위 범행에 관한 통화 내용을 녹음하게 한 경우, 甲이 통화당사자가 되므로 그 녹음을 증거로 사용할 수 있다. (×)

3. [1] 방송자가 인터넷을 도관 삼아 인터넷서비스제공업체 또는 온라인서비스제공자인 인터넷개인방송 플랫폼업체의 서버를 이용하여 실시간 또는 녹화된 형태로 음성, 영상물을 방송함으로써 불특정 혹은 다수인이 이를 수신·시청할 수 있게 하는 인터넷개인방송은 그 성격이나 통신비밀보호법 제2조 제3호, 제7호, 제3조 제1항, 제4조에 비추어 전기통신에 해당함은 명백하다. 인터넷개인방송의 방송자가 비밀번호를 설정하는 등 그 수신 범위를 한정하는 비공개 조치를 취하지 않고 방송을 송출하는 경우, 누구든지 시청하는 것을 포괄적으로 허용하는 의사라고 볼 수 있으므로, 그 시청자는 인터넷개인방송의 당사자인 수신인에 해당하고, 이러한 시청자가 방송 내용을 지득·채록하는 것은 통신비밀보호법에서 정한 감청에 해당하지 않는다. 그러나 인터넷개인방송의 방송자가 비밀번호를 설정하는 등으로 비공개 조치를 취한 후 방송을 송출하는 경우에는, 방송자로부터 허가를 받지 못한 사람은 당해 인터넷개인방송의 당사자가 아닌 '제3자'에 해당하고, 이러한 제3자가 비공개 조치가 된 인터넷개인방송을 비정상적인 방법으로 시청·녹화하는 것은 통신비밀보호법상의 감청에 해당할 수 있다. 다만 방송자가 이와 같은 제3자의 시청·녹화 사실을 알거나 알 수 있었음에도 방송을 중단하거나 그 제3자를 배제하지 않은 채 방송을 계속 진행하는 등 허가받지 아니한 제3자의 시청·녹화를 사실상 승낙·용인한 것으로 볼 수 있는 경우에는 불특정인 혹은 다수인을 직간접적인 대상으로 하는 인터넷개인방송의 일반적 특성상 그 제3자 역시 인터넷개인방송의 당사자에 포함될 수 있으므로, 이러한 제3자가 방송 내용을 지득·채록하는 것은 통신비밀보호법에서 정한 감청에 해당하지 않는다.

[2] 정보통신망 이용촉진 및 정보보호 등에 관한 법률 제48조 제1항은 이용자의 신뢰 또는 이익을 보호하기 위한 규정이 아니라 정보통신망 자체의 안정성과 그 정보의 신뢰성을 보호하기 위한 것이므로, 위 규정에서 접근권한을 부여하거나 허용되는 범위를 설정하는 주체는 서비스제공자이다. 따라서 서비스제공자로부터 권한을 부여받은 이용자가 아닌 제3자가 정보통신망에 접속한 경우, 그에게 접근권한이 있는지 여부는 서비스제공자가 부여한 접근권한을 기준으로 판단하여야 한다[대판 2022.10.27, 2022도9877].

1. **(2자간 대화에서 대화참여자의 녹음)** 통신비밀보호법 제3조 제1항이 "공개되지 아니한 타인 간의 대화를 녹음 또는 청취하지 못한다."라고 정한 것은, 대화에 원래부터 참여하지 않는 제3자가 그 대화를 하는 타인들 간의 발언을 녹음해서는 아니 된다는 취지이다. 사인이 피고인 아닌 사람과의 대화내용을 대화 상대방 몰래 녹음하였다고 하더라도 그 녹음테이프가 위법하게 수집된 증거로서 증거능력이 없다고 할 수 없으며, 사인이 피고인 아닌 사람과의 대화내용을 상대방 몰래 비디오로 촬영·녹음한 경우에도 그 비디오테이프의 진술부분에 대하여도 위와 마찬가지로 취급하여야 할 것이다[대판 1999.3.9. 98도3169].

2. **(3자간 대화에서 대화참여자의 녹음)** 3인 간의 대화에 있어서 그중 한 사람이 그 대화를 녹음하는 경우에 다른 두 사람의 발언은 그 녹음자에 대한 관계에서 '타인 간의 대화'라고 할 수 없으므로, 이와 같은 녹음행위가 통신비밀보호법 제3조 제1항에 위배된다고 볼 수는 없다[대판 2006.10.12. 2006도4981]. [19 경찰채용, 17 변호사]*

3. **(3자간 대화에서 대화참여자의 녹음)** 녹음파일의 대화당사자가 A와 甲, 乙이고, 당시 甲과 乙이 이 3인 간의 대화를 녹음한 경우, 녹음파일은 통신비밀보호법 제3조 제1항에서 규정한 '타인 간의 대화'를 녹음한 경우에 해당하지 않고, 이들이 丙의 권유 또는 지시에 따라 녹음을 하였다고 하더라도 甲과 乙이 녹음의 주체이므로 제3자의 녹음행위로 볼 수 없다[대판 2019.3.14. 2015도1900].

1. [1] 통신비밀보호법에서 보호하는 타인 간의 '대화'는 원칙적으로 현장에 있는 당사자들이 육성으로 말을 주고받는 의사소통행위를 가리킨다. 따라서 사람의 육성이 아닌 사물에서 발생하는 음향은 타인 간의 '대화'에 해당하지 않고 또한 사람의 목소리라고 하더라도 상대방에게 의사를 전달하는 말이 아닌 단순한 비명소리나 탄식 등은 타인과 의사소통을 하기 위한 것이 아니라면 특별한 사정이 없는 한 타인 간의 '대화'에 해당한다고 볼 수 없다.
   [2] 甲이 乙과 통화를 마친 후 전화가 끊기지 않은 상태에서 휴대전화를 통하여 사물에서 발생하는 음향인 '우당탕'과 비명소리인 '악' 소리를 들었고, 이후 甲이 그와 같은 소리를 들었다고 법정에서 증언하였다. 甲의 증언은 공개되지 않은 타인 간의 대화를 전자장치 또는 기계적 수단을 이용하여 청취한 것이라고 볼 수 없으므로 피고인 丙의 공소사실(상해 등)에 대하여 증거로 사용할 수 있다고 한 사례[대판 2017.3.15. 2016도19843]. [23 변호사, 19 국가7급, 19 국가9급]*

2. 무전기와 같은 무선전화기를 이용한 통화가 통비법에서 규정하고 있는 전기통신에 해당함은 전화통화의 성질 및 법 규정 내용에 비추어 명백하므로 이를 같은 법 제3조 제1항 소정의 '타인 간의 대화'에 포함된다고 할 수 없다[대판 2003.11.13. 2001도6213]. [20 경찰승진, 18 경간부, 16 국가7급, 16 경찰승진]*

3. 전화통화가 통비법에서 규정하고 있는 전기통신에 해당함은 전화통화의 성질 및 법 규정 내용에 비추어 명백하므로 이를 법 제3조 제1항 소정의 '타인 간의 대화'에 포함시킬 수는 없다[대판 2002.10.8. 2002도123].

2. 사진(사본)의 증거능력

(1) 의의

사진은 피사체의 영상을 렌즈에 비친 대로 필름이나 인화지에 재생시킨 증거방법이므로 신용성과 증거가치가 높다. 그러나 피사체의 선정과 인화과정에서 조작가능성의 위험도 존재한다.

(2) 사진의 증거능력

1) 사본으로서의 사진

> **⚖ 판례 | 사본으로서의 사진의 증거능력 인정요건(비진술증거로 사용된 경우)**
>
> 구 정보통신망 이용촉진 및 정보보호 등에 관한 법률(2005.12.30. 법률 제7812호로 개정되기 전의 것) 제65조 제1항 제3호는 정보통신망을 통하여 공포심이나 불안감을 유발하는 글을 반복적으로 상대방에게 도달하게 하는 행위를 처벌하고 있다. 검사가 위 죄에 대한 유죄의 증거로 문자정보가 저장되어 있는 휴대전화기를 법정에 제출하는 경우, 휴대전화기에 저장된 문자정보 그 자체가 범행의 직접적인 수단으로서 증거로 사용될 수 있다. 또한, 검사는 휴대전화기 이용자가 그 문자정보를 읽을 수 있도록 한 휴대전화기의 화면을 촬영한 사진을 증거로 제출할 수도 있는데, 이를 증거로 사용하려면 문자정보가 저장된 휴대전화기를 법정에 제출할 수 없거나 그 제출이 곤란한 사정이 있고, 그 사진의 영상이 휴대전화기의 화면에 표시된 문자정보와 정확하게 같다는 사실이 증명되어야 한다[대판 2008.11.13. 2006도2556].
>
> **동지판례** 수표 원본이 아니라 전자복사기를 사용하여 복사한 사본이 증거로 제출되었고 피고인이 이를 증거로 하는 데 부동의한 경우 위 수표 사본을 증거로 사용하기 위해서는 수표 원본을 법정에 제출할 수 없거나 제출이 곤란한 사정이 있고 수표 원본이 존재하거나 존재하였으며 증거로 제출된 수표 사본이 이를 정확하게 전사한 것이라는 사실이 증명되어야 한다. 한편 당좌수표 사본의 액면금 부분 필적이 다른 당좌수표들과 다르다는 등의 사정은 증명력의 문제일 뿐 증거능력의 문제는 아니라 할 것이다[대판 2015.4.23. 2015도2275].

2) 진술의 일부인 사진

사진이 진술증거의 일부로 사용되는 경우를 말한다.

> **⚖ 판례 | 일부복사본(초본)의 원본과의 동일성 인정요건**
>
> 피고인에 대한 검사 작성의 피의자신문조서가 그 내용 중 일부를 가린 채 복사를 한 다음 원본과 상위없다는 인증을 하여 초본의 형식으로 제출된 경우에, 위와 같은 피의자신문조서초본은 피의자신문조서원본 중 가려진 부분의 내용이 가려지지 않은 부분과 분리 가능하고 당해 공소사실과 관련성이 없는 경우에만, 그 피의자신문조서의 원본이 존재하거나 존재하였을 것, 피의자신문조서의 원본 제출이 불능 또는 곤란한 사정이 있을 것, 원본을 정확하게 전사하였을 것 등 3가지 요건을 전제로 피고인에 대한 검사 작성의 피의자신문조서원본과 동일하게 취급할 수 있다[대판 2002.10.22. 2000도5461].

3) 현장사진

현장사진이란 범행을 중심으로 범행상황 및 그 전후상황을 촬영한 사진이 독립된 증거로 사용되는 경우를 말한다.

3. 거짓말탐지기 검사결과의 증거능력

(1) 거짓말탐지기의 의의

거짓말탐지기란 사람이 진술할 때 나타나는 혈압·호흡·맥박 등의 생리적 반응을 기계적으로 기록하여 그 진술의 진위여부를 판단하는데 사용되는 기계를 말한다.

(2) 거짓말탐지기 검사결과의 증거능력

거짓말탐지기 검사결과의 증거능력에 대하여 ① 피검사자의 동의가 있는 경우에는 인격권침해라고 할 수 없고, 검사결과는 감정서의 성질을 가지고 있으므로 동의가 있는 때에는 증거능력이 인정된다는 긍정설과 ① 거짓말탐지기 검사결과는 최량(最良)의 조건하에서도 자연적 관련성이 없어 최소한의 증명력이나 신빙성이 없으므로 증거능력이 부정된다는 부정설이 있다.

📚 판례 | 거짓말탐지기 검사결과의 증거능력 인정요건

[1] 거짓말탐지기의 검사결과에 대하여 사실적 관련성을 가진 증거로서 증거능력을 인정할 수 있으려면, 첫째로 거짓말을 하면 반드시 일정한 심리상태의 변동이 일어나고, 둘째로 그 심리상태의 변동은 반드시 일정한 생리적 반응을 일으키며, 셋째로 그 생리적 반응에 의하여 피검사자의 말이 거짓인지 아닌지가 정확히 판정될 수 있다는 세 가지 전제요건이 충족되어야 할 것이며 [2] 특히 마지막 생리적 반응에 대한 거짓여부 판정은 거짓말탐지기가 검사에 동의한 피검사자의 생리적 반응을 정확히 측정할 수 있는 장치이어야 하고, 질문사항의 작성과 검사의 기술 및 방법이 합리적이어야 하며, 검사자가 탐지기의 측정내용을 객관성 있고 정확하게 판독할 능력을 갖춘 경우라야만 그 정확성을 확보할 수 있는 것이므로 이상과 같은 여러 가지 요건이 충족되지 않는 한 거짓말탐지기 검사결과에 대하여 형사소송법상 증거능력을 부여할 수는 없다[대판 2005.5.26, 2005도130].

📚 판례 | 거짓말탐지기 검사결과의 증명력(= 검사를 받는 사람의 진술의 신빙성을 가늠하는 정황증거)

거짓말탐지기의 검사는 그 기구의 성능, 조작기술 등에 있어 신뢰도가 극히 높다고 인정되고 그 검사자가 적격자이며, 검사를 받는 사람이 검사를 받음에 동의하였으며 검사서가 검사자 자신이 실시한 검사의 방법, 경과 및 그 결과를 충실하게 기재하였다는 등의 전제조건이 증거에 의하여 확인되었을 경우에만 형사소송법 제313조 제2항(현행법상 제312조 제3항에 해당함 – 저자 주)에 의하여 이를 증거로 할 수 있는 것이고, 위와 같은 조건이 모두 충족되어 증거능력이 있는 경우에도 그 검사결과는 '검사를 받는 사람의 진술의 신빙성을 가늠하는 정황증거'로서의 기능을 하는데 그친다[대판 1987.7.21, 87도968].

📚 판례 | 거짓말탐지기 검사결과와 상반되는 진술의 신빙성을 부정할 수 없는 경우

거짓말탐지기 검사결과 피고인 甲의 진술에 대하여는 거짓으로 진단할 수 있는 특이한 반응이 나타나지 않은 반면 乙의 진술에 대하여는 거짓으로 진단할 수 있는 현저한 반응이 나타난 경우라고 하더라도, 거짓말탐지기 검사 결과가 항상 진실에 부합한다고 단정할 수 없을 뿐 아니라 검사를 받는 사람의 진술의 신빙성을 가늠하는 정황증거로서 기능을 하는 데 그치므로 그와 같은 검사결과만으로 범행 당시의 상황이나 범행 이후 정황에 부합하는 乙 진술의 신빙성을 부정할 수 없다[대판 2017.1.25, 2016도15526].

Ⅴ 증거동의

1. 의의

① 검사와 피고인이 증거로 할 수 있음을 동의한 서류 또는 물건은 진정한 것으로 인정한 때에는 증거로 할 수 있다(제318조 제1항). 따라서 전문증거라도 당사자가 동의한 때에는 증거능력이 있다. [22 경찰채용, 18 경찰채용, 16 경찰승진]*

② 증거동의는 재판의 신속과 소송경제를 도모하고 입증절차에서 당사자주의를 구현하기 위한 제도에 해당한다.

📚 판례 | 증거동의 규정의 의미 (= 전문증거금지원칙의 예외)

형사소송법 제318조 제1항의 증거동의 규정은 전문증거금지의 원칙에 대한 예외로서 작성자 또는 진술자에 대한 반대신문권을 포기하겠다는 피고인의 의사표시에 의하여 서류 또는 물건의 증거능력을 부여하려는 규정이다[대판 1983.3.8, 82도2873].

2. 증거동의의 주체와 대상

(1) 동의의 주체

동의의 주체는 당사자인 검사와 피고인이다.

⚖ 판례 | 증거동의의 방법

1. 법원이 직권으로 증거조사를 할 때에는 양 당사자의 동의가 필요함은 물론이라 하겠으나 당해 서류를 제출한 당사자는 그것을 증거로 함에 동의하고 있음은 명백한 것이므로 상대방의 동의만 얻으면 충분하다[대판 1989.10.10. 87도966].

2. 피고인이나 변호인이 무죄에 관한 자료로 제출한 서증 가운데 도리어 유죄임을 뒷받침하는 내용이 있다 하여도, 법원은 상대방(검사)의 원용(동의)이 없는 한 그 서류의 진정성립 여부 등을 조사하고 아울러 그 서류에 대한 피고인이나 변호인의 의견과 변명의 기회를 준 다음이 아니면 그 서증을 유죄인정의 증거로 쓸 수 없다. 그러나 당해 서류를 제출한 당사자는 그것을 증거로 함에 동의하고 있음이 명백한 것이므로 상대방인 검사의 원용이 있으면 그 서증을 유죄의 증거로 사용할 수 있다[대판 2014.2.27. 2013도12155].

⚖ 판례 | 변호인이 증거동의를 할 수 있는지의 여부(= 피고인의 명시한 의사에 반하지 않는 한 가능)

1. 증거로 함에 대한 동의의 주체는 소송주체인 당사자라 할 것이지만 변호인은 피고인의 명시한 의사에 반하지 아니하는 한 피고인을 대리하여 증거로 함에 동의할 수 있으므로 피고인이 증거로 함에 동의하지 아니한다고 명시적인 의사표시를 한 경우 이외에는 변호인은 서류나 물건에 대하여 증거로 함에 동의할 수 있다[대판 2005.4.28. 2004도4428]. [22 경간부, 20 경찰채용, 19 국가9급, 18 경간부, 18 경찰채용, 18 국가7급, 18 법원9급, 16 국가7급]*

2. 형사소송법 제318조에 규정된 증거동의의 주체는 소송주체인 검사와 피고인이고, 변호인은 피고인을 대리하여 증거동의에 관한 의견을 낼 수 있을 뿐이므로 피고인의 명시한 의사에 반하여 증거로 함에 동의할 수는 없다. 따라서 피고인이 출석한 공판기일에서 증거로 함에 부동의한다는 의견이 진술된 경우에는 그 후 피고인이 출석하지 아니한 공판기일에 변호인만이 출석하여 종전 의견을 번복하여 증거로 함에 동의하였다 하더라도 이는 특별한 사정이 없는 한 효력이 없다[대판 2013.3.28. 2013도3].
[23 변호사, 20 변호사, 20 법원9급, 19 법원9급, 18 변호사, 18 국가7급, 16 경찰채용]*

기출지문 증거동의의 주체는 검사와 피고인이므로, 변호인의 경우 피고인의 명시적인 위임이 없는 한 피고인을 대리하여 증거로 함에 동의할 수 없다. (×)

(2) 동의의 대상

1) 동의의 대상이 되는 경우

증거동의의 대상은 서류 또는 물건이다.

⚖ 판례 | 증거동의의 대상이 되는 경우

1. 피고인 아닌 타인의 진술을 그 내용으로 하는 전문진술 증거동의의 대상이 된다[대판 1983.9.27. 83도516].

2. 문서의 사본이라도 피고인이 증거로 함에 동의하였고 진정으로 작성되었음이 인정되는 경우에는 증거능력이 있다[대판 1996.1.26. 95도2526].

⚖ 판례 | 비진술증거인 사진도 증거동의의 대상이 된다고 판시한 사례

'甲의 상해부위를 촬영한 사진'은 비진술증거이기는 하나, 피고인은 제1심 제1회 공판기일에 사진을 증거로 함에 동의하였고, 이에 따라 제1심 법원이 사진에 대한 증거조사를 완료하였음을 알 수 있으므로 피고인이 원심에 이르러 사진에 대한 증거동의의 의사표시를 취소 또는 철회하였다 하여 사진의 증거능력이 상실되지 않는다[대판 2007.7.26. 2007도3906]. [22 경간부]*

2) 동의의 대상이 되지 않는 경우

① 임의성 없는 자백은 증거동의의 대상이 될 수 없다.
② 위법하게 수집된 증거는 원칙적으로 증거동의의 대상이 될 수 없다.

🔨 판례 | 위법수집증거에 대하여 증거동의가 있는 경우 증거능력을 긍정한 판례

1. **(증거보전절차로 증인신문을 하는 경우 참여의 기회를 주지 아니하고 작성된 증인신문조서)** 판사가 형사소송법 제184조에 의한 증거보전절차로 증인신문을 하는 경우에는 동법 제163조에 따라 검사, 피의자 또는 변호인에게 증인신문의 시일과 장소를 미리 통지하여 증인신문에 참여할 수 있는 기회를 주어야 하나 참여의 기회를 주지 아니한 경우라도 피고인과 변호인이 증인신문조서를 증거로 할 수 있음에 동의하여 별다른 이의없이 적법하게 증거조사를 거친 경우에는 위 증인신문조서는 증인신문절차가 위법하였는지의 여부에 관계없이 증거능력이 부여된다[대판 1988.11.8. 86도1646].

2. **(피고인에게 유리한 증언을 마친 증인에 대한 번복진술조서)** 공판준비 또는 공판기일에서 이미 증언을 마친 증인을 검사가 소환한 후 피고인에게 유리한 그 증언 내용을 추궁하여 이를 일방적으로 번복시키는 방식으로 작성한 진술조서는 피고인이 증거로 할 수 있음에 동의하지 아니하는 한 그 증거능력이 없다[대판(전) 2000.6.15. 99도1108].

3. 증거동의의 시기와 방식

(1) 증거동의의 시기

동의는 원칙적으로 증거조사 전에 하여야 한다. 그러나 증거조사 도중 또는 증거조사 후에 전문증거임이 밝혀진 경우에는 사후동의도 가능하고 이러한 동의가 있으면 그 하자가 치유되어 증거능력이 소급하여 인정된다. 일반적으로 사후동의는 변론종결시까지 가능하다.

(2) 증거동의의 방식

🔨 판례 | 묵시적 증거동의도 가능한지의 여부(적극)

피고인이 신청한 증인의 증언이 피고인 아닌 타인의 진술을 그 내용으로 하는 전문진술이라고 하더라도 피고인이 그 증언에 대하여 "별 의견이 없다."고 진술하였다면 그 증언을 증거로 함에 동의한 것으로 볼 수 있으므로 이는 증거능력 있다[대판 1983.9.27. 83도516].
[20 경간부, 19 국가9급, 17 경찰채용, 16 국가7급]*

🔨 판례 | 포괄적 증거동의도 가능한지의 여부(적극)

피고인들의 의사표시가 하나 하나의 증거에 대하여 형사소송법상의 증거조사방식을 거쳐 이루어진 것이 아니라 "검사가 제시한 모든 증거에 대하여 증거로 함에 동의한다."는 방식으로 이루어진 것이라 하여 그 효력을 부정할 이유가 되지 못한다
[대판 1983.3.8. 82도2873]. [23 변호사, 20 변호사, 20 경찰채용, 20 국가7급, 18 경찰채용, 17 경찰채용, 16 국가7급]*

🔨 판례 | 피의자 아닌 자에 대한 진술조서에 관하여 '공판정 진술과 배치부분 부동의' 라는 피고인 진술의 취지(= 원칙으로 조서를 증거로 함에 동의하지 않는다는 취지)

검사 작성의 피고인 아닌 자에 대한 진술조서에 관하여 피고인이 "공판정 진술과 배치되는 부분은 부동의한다."고 진술한 것은 조서내용의 특정부분에 대하여 증거로 함에 동의한다는 특별한 사정이 있는 때와는 달리 그 조서를 증거로 함에 동의하지 아니한다는 취지로 해석하여야 한다[대판 1984.10.10. 84도1552].

4. 동의의 의제

(1) 피고인의 불출석

피고인의 출정없이 증거조사를 할 수 있는 경우에는 피고인이 출정하지 아니한 때에는 증거동의가 있는 것으로 간주한다. 다만, 대리인 또는 변호인이 출정한 때에는 예외로 한다(제318조 제2항). [23 변호사, 19 법원9급, 17 경찰승진, 16 변호사, 16 법원9급]*

(2) 간이공판절차

간이공판절차의 결정이 있는 사건에 있어서는 전문증거에 대하여 당사자의 동의가 있는 것으로 간주한다. 다만, 검사, 피고인 또는 변호인이 증거로 함에 이의가 있는 때에는 그러하지 아니하다(제318조의3). [20 변호사, 18 경간부, 17 국가9급, 16 변호사, 16 법원9급]*

5. 증거동의의 효과

(1) 법원의 진정성 인정

① 당사자가 증거로 함에 동의한 서류 또는 물건일지라도 법원이 진정한 것으로 인정한 때에 한하여 증거능력이 인정된다. 여기서 진정성이란 진술서에 서명·날인이 없거나 진술서의 기재내용이 진술과 상이한 경우와 같이 신용성을 의심스럽게 하는 상황이 없는 것을 말한다.

② 증거동의가 있어 증거능력이 인정되더라도 증명력은 여전히 법관의 자유판단에 의한다.

피고인이 작성한 진술서에 관하여 피고인과 변호인이 공판기일에서 증거로 함에 동의하였고 그 진술서에 피고인의 서명과 무인이 있는 것으로 보아 진정한 것으로도 인정된다면, 그 진술서는 증거로 할 수 있는 것임에도 불구하고 원심이 피고인이 그 내용을 부인하기 때문에 증거로 할 수 없다고 판단한 것은 잘못이다[대판 1990.10.26. 90도1229].

피고인이 공소사실 및 이를 뒷받침하는 수사기관이 원진술자의 진술을 기재한 조서 내용을 부인하였음에도 불구하고, 원진술자의 법정 출석과 피고인에 의한 반대신문이 이루어지지 못하였다면 그 조서는 진정한 증거가치를 가진 것으로 인정받을 수 없는 것이어서 이를 주된 증거로 하여 공소사실을 인정하는 것은 원칙적으로 허용될 수 없다. 이는 원진술자의 사망이나 질병 등으로 인하여 원진술자의 법정 출석 및 반대신문이 이루어지지 못한 경우는 물론 수사기관의 조서를 증거로 함에 피고인이 동의한 경우에도 마찬가지이다[대판 2006.12.8. 2005도9730].

판례해설 증거동의는 증거능력을 부여할 뿐 증명력까지 부여하는 것은 아니므로 증명력은 상황에 따라 별도로 판단하여야 한다는 취지의 판례이다.

(2) 증거동의의 효력범위
1) 물적 범위

피고인들이 제1심 법정에서 경찰의 검증조서 가운데 범행부분만 부동의하고 현장상황 부분에 대해서는 모두 증거로 함에 동의하였다면, 위 검증조서 중 범행상황 부분만을 증거로 채용한 제1심판결에 잘못이 없다[대판 1990.7.24. 90도1303].

2) 인적 범위
증거동의는 동의한 피고인에 대해서만 그 효력이 미치고 다른 공동피고인에게는 미치지 않는다. 공동피고인이 각자 반대신문권을 가지고 있기 때문이다.

3) 시간적 범위
동의의 효력은 공판절차의 갱신이 있거나 심급이 변경된 경우에도 소멸되지 않는다.

🔨 판례 | 1심에서 증거동의한 경우 2심에서 증거부동의하거나 범행을 부인한 경우의 효력(= 이미 적법하게 부여된 증거능력은 상실되지 않음)

피고인이 제1심법원에서 공소사실에 대하여 자백하여 제1심법원이 이에 대하여 간이공판절차에 의하여 심판할 것을 결정하고, 이에 따라 제1심법원이 제1심판결 명시의 증거들을 증거로 함에 피고인 또는 변호인의 이의가 없어 형사소송법 제318조의3의 규정에 따라 증거능력이 있다고 보고 상당하다고 인정하는 방법으로 증거조사를 한 이상, 가사 항소심에 이르러 범행을 부인하였다고 하더라도 제1심법원에서 증거로 할 수 있었던 증거는 항소법원에서도 증거로 할 수 있는 것이므로 제1심법원에서 이미 증거능력이 있었던 증거는 항소심에서도 증거능력이 그대로 유지되어 심판의 기초가 될 수 있고 다시 증거조사를 할 필요가 없다[대판 2005.3.11. 2004도8313].

동지판례 제1심 공판조서 및 그 조서의 일부를 이루는 증거목록에 피고인 또는 변호인이 증거로 함에 동의한다는 의사표시를 한 것으로 기재되어 있고, 증거조사가 완료되기 전까지 그 의사표시를 철회 또는 취소하였다고 볼 흔적을 찾아볼 수 없는 사법경찰관 사무취급 작성의 참고인 진술조서는 진정한 것으로 인정되는 한 제2심에서 피고인이 증거로 함에 부동의하거나 범행을 부인하였어도 이미 적법하게 부여된 증거능력이 상실되는 것은 아니다[대판 1994.7.29. 93도955].

6. 증거동의의 취소와 철회

🔨 판례 | 증거동의의 취소 또는 철회 허용시기(= 증거조사 완료 전까지)

1. 형사소송법 제318조에 규정된 증거동의의 의사표시는 증거조사가 완료되기 전까지 취소 또는 철회할 수 있으나, 일단 증거조사가 완료된 뒤에는 취소 또는 철회가 인정되지 아니하므로 취소 또는 철회 이전에 이미 취득한 증거능력은 상실되지 않는다[대판 2015.8.27. 2015도3467]. [23 변호사, 22 경간부, 20 경간부, 18 경간부, 18 경찰채용, 18 법원9급, 17 변호사, 17 법원9급, 16 국가7급, 16 경찰승진, 16 경찰채용]*

2. 형사소송법 제318조에 규정된 증거동의의 의사표시는 증거조사가 완료되기 전까지 취소 또는 철회할 수 있으나, 일단 증거조사가 완료된 뒤에는 취소 또는 철회가 인정되지 아니하므로 제1심에서 한 증거동의를 제2심에서 취소할 수 없다[대판 2005.4.28. 2004도4428]. [18 법원9급, 17 경간부, 16 경간부]*

3. 약식명령에 불복하여 정식재판을 청구한 피고인이 정식재판절차의 1심에서 2회 불출정하여 법 제318조 제2항에 따른 증거동의가 간주된 후 증거조사를 완료한 이상, 간주의 대상인 증거동의는 증거조사가 완료되기 전까지 철회 또는 취소할 수 있으나 일단 증거조사를 완료한 뒤에는 취소 또는 철회가 인정되지 아니하는 점, 증거동의 간주가 피고인의 진의와는 관계없이 이루어지는 점 등에 비추어, 비록 피고인이 항소심에 출석하여 공소사실을 부인하면서 간주된 증거동의를 철회 또는 취소한다는 의사표시를 하더라도 그로 인하여 적법하게 부여된 증거능력이 상실되는 것이 아니다[대판 2010.7.15. 2007도5776]. [19 법원9급, 17 경찰승진, 17 경찰채용]*

🔨 판례 | 피고인이 증거동의의 효과를 모르고 동의하였으나 재정한 변호인이 어떠한 조치를 취하지 않은 경우 증거동의의 효과(= 동의는 유효)

피고인이 사법경찰관 작성의 피해자진술조서를 증거로 동의함에 있어서 그 동의가 법률적으로 어떠한 효과가 있는지를 모르고 한 것이었다고 주장하더라도 변호인이 그 동의시 공판정에 재정하고 있으면서 피고인이 하는 동의에 대하여 아무런 이의나 취소를 한 사실이 없다면 그 동의에 무슨 하자가 있다고 할 수 없다[대판 1983.6.28. 83도1019]. [18 변호사, 16 경찰채용]*

제1절 자유심증주의

1. 의의

형사소송법은 제308조에서 '증거의 증명력은 – 법률의 규정에 의하지 아니하고 – 법관의 자유판단에 의한다'라고 규정하여 자유심증주의를 규정하고 있다.

2. 자유심증주의의 내용

(1) 자유판단의 주체

증거의 증명력은 법관의 자유판단에 의한다. 따라서 자유판단의 주체는 개개 법관이며 합의부의 경우에도 구성원인 법관이 각자 증거의 증명력을 판단한다.

(2) 자유판단의 의미

자유판단이란 법관이 법적 제한을 받지 않고 자신의 주관적 확신에 의하여 증명력을 자유롭게 판단하는 것을 말한다.

1) 인증

① 자백

피고인이 자백한 경우라도 법관은 자백과 다른 사실을 인정할 수 있고 또한 피고인이 공판정에서 범죄사실을 부인해도 피고인의 검찰에서의 자백을 믿을 수도 있다.

⚖ 판례 | 피고인의 자백의 신빙성 판단(= 법관의 자유판단)

1. **(검찰 자백 vs 법정진술)** 검찰에서의 피고인의 자백이 법정진술과 다르다거나 피고인에게 지나치게 불리한 내용이라는 사유만으로는 그 자백의 신빙성이 의심스럽다고 할 수는 없다[대판 2019.10.31. 2018도2642]. [19 경찰채용]*

2. **(1심 자백 vs 2심 법정진술)** 피고인의 제1심 법정에서의 자백이 원심(항소심)에서의 법정진술과 다르다는 사유만으로는 그 자백의 증명력 내지 신빙성이 의심스럽다고 할 수는 없다[대판 2001.9.28. 2001도4091].

3. **(공동피고인 중 1인의 공동범행 자백)** 공동피고인 중의 1인이 다른 공동피고인들과 공동하여 범행을 하였다고 자백한 경우, 반드시 그 자백을 전부 믿어 공동피고인들 전부에 대하여 유죄를 인정하거나 그 전부를 배척하여야 하는 것은 아니고, 자유심증주의의 원칙상 법원으로서는 자백한 피고인 자신의 범행에 관한 부분만을 취신하고 다른 공동피고인들이 범행에 관여하였다는 부분을 배척할 수도 있다[대판 1995.12.8. 95도2043].

⚖️ 판례 | 자백의 신빙성이 희박한 경우

피고인은 검찰에서 자백하고 이어서 진술서를 작성·제출하고 그 다음날부터 연 3일간 자기의 잘못을 반성하고 자백하는 내용의 양심서, 반성문, 사실서를 작성·제출하고 경찰의 검증조서에도 피고인이 자백하는 기재가 있으나, 검찰에 송치되자마자 자백은 강요에 의한 것이라고 주장하면서 범행을 부인할 뿐더러 연 4일을 계속하여 매일 한 장씩 진술서 등을 작성한다는 것은 부자연하다는 느낌이 드는 등 사정에 비추어 보면 자백은 신빙성이 희박하다[대판 1980.12.9, 80도2656].

② 증언

증언의 경우 증인의 성년·미성년, 책임능력 유무, 선서유무에 관계없이 법관이 자유롭게 증언을 취사선택하여 증명력을 판단한다.

⚖️ 판례 | 증인의 진술이 번복되는 경우 증명력(= 반드시 법정 증언이 우선 X, 법관의 자유판단 O)

1. **(검찰 진술 vs 법정 증언)** 같은 사람의 검찰에서의 진술과 법정에서의 증언이 다를 경우 반드시 후자를 믿어야 된다는 법칙은 없다고 할 것이므로 같은 사람의 법정에서의 증언과 다른 검찰에서의 진술을 믿고서 범죄사실을 인정하더라도 그것이 위법하게 진술된 것이 아닌 이상 자유심증에 속한다[대판 1988.6.28, 88도740].

2. **(수사기관에서의 진술 vs 공판정 증언)** 경찰에서의 자술서, 검사 작성의 각 피의자신문조서, 다른 형사사건의 공판조서의 기재와 당해 사건의 공판정에서의 같은 사람의 증인으로서의 진술이 상반되는 경우 반드시 공판정에서의 증언은 믿어야 된다는 법칙은 없고, 상반된 증언, 감정 중에 그 어느 것을 사실인정의 자료로 인용할 것인가는 오로지 사실심 법원의 자유심증에 속한다[대판 1986.9.23, 86도1547].

3. **(수사기관에서의 진술 vs 증거보전절차에서의 진술)** 증거보전절차에서의 진술이 법원의 관여하에 행하여지는 것으로서 수사기관에서의 진술보다 임의성이 더 보장되는 것이기는 하나 보전된 증거가 항상 진실이라고 단정지울 수는 없는 것이므로 법원이 그것을 믿지 않을 만한 사유가 있어서 믿지 않는 것에 자유심증주의의 남용이 있다고 볼 수 없다[대판 1980.4.8, 79도2125].

⚖️ 판례 | 피해자 증언의 증명력(= 법관의 자유판단)

1. 피해자의 증언이나 진술이 공소사실에 부합하는 유일한 직접증거라 하더라도 그 증거가 합리적이고 이치에 맞는 내용이라면 이를 유죄의 증거로 한다하여 위법이라고 할 수는 없다[대판 1986.2.25, 85도2767].

2. 피고인의 문서위조 내지 변조의 유죄 인정에 관하여 피고인과 상반되는 이해관계를 갖고 있는 고소인의 증언이나 진술을 유력한 직접 증거로 채용하고 있다 하더라도 그 진술내용이 합리적이고 이치에 맞는 것이라면 이러한 채증과정에 무슨 위법이 있다고 할 수 없다[대판 1995.2.24, 94도2092].

3. [1] 피해자 등의 진술은 그 진술 내용의 주요한 부분이 일관되며, 경험칙에 비추어 비합리적이거나 진술 자체로 모순되는 부분이 없고, 또한 허위로 피고인에게 불리한 진술을 할 만한 동기나 이유가 분명하게 드러나지 않는 이상, 그 진술의 신빙성을 특별한 이유 없이 함부로 배척해서는 아니 된다.
   [2] 강간죄에서 공소사실을 인정할 증거로 사실상 피해자의 진술이 유일한 경우에 피고인의 진술이 경험칙상 합리성이 없고 그 자체로 모순되어 믿을 수 없다고 하여 피고인의 진술이 공소사실을 인정하는 직접증거가 되는 것은 아니지만, 이러한 사정은 법관의 자유판단에 따라 피해자 진술의 신빙성을 뒷받침하거나 직접증거인 피해자 진술과 결합하여 공소사실을 뒷받침하는 간접정황이 될 수 있다[대판 2018.10.25, 2018도7709].

4. 사실심 법원은 인접한 시기에 같은 피해자를 상대로 저질러진 동종 범죄에 대해서도 각각의 범죄에 따라 피해자 진술의 신빙성이나 그 신빙성 유무를 기초로 한 범죄 성립 여부를 달리 판단할 수 있고, 이것이 실체적 진실발견과 인권보장이라는 형사소송의 이념에 부합한다[대판 2022.3.31, 2018도19472, 2018전도126].

③ 감정

> **판례 | 감정서 등의 증명력(= 법관의 자유판단)**
>
> 감정의견이 상충된 경우 다수 의견을 안 따르고 소수 의견을 채용해도 되고 여러 의견 중에서 그 일부씩을 채용하여도 무방하며 여러 개의 감정의견이 일치되어 있어도 이를 배척하려면 특별한 이유를 밝히거나 또는 반대감정의견을 구하여야 된다는 법리도 없다[대판 1976.3.23. 75도2068].

2) 물증과 서증

> **판례 | 각종 조서의 증명력(= 법관의 자유판단)**
>
> **(검찰 조서 vs 사경조서)** 검사 작성 조서의 기재가 사법경찰관 작성 조서의 기재보다 그 신빙성에 있어서 항상 우월하다고 단정할 수는 없는 것이니, 검사 작성 조서 기재의 증명력을 사법경찰관 작성 조서의 기재에 비추어 배척한 것이 채증법칙위반이라 할 수 없다[대판 1983.3.22. 82도2494].

3) 간접증거

> **판례 | 간접증거의 증명력**
>
> 1. 형사재판에 유죄의 심증이 반드시 직접증거에 의하여 형성되어야만 하는 것은 아니고 경험칙과 논리법칙에 위반되지 아니하는 한 간접증거에 의하여 형성되어도 무방하며, 간접증거가 개별적으로는 범죄사실에 대한 완전한 증명력을 가지지 못하더라도 전체 증거를 상호 관련하에 종합적으로 고찰할 경우 그 단독으로는 가지지 못하는 종합적 증명력이 있는 것으로 판단되면 그에 의하여도 범죄사실을 인정할 수 있는 것이다[대판 2013.6.27. 2013도4172]. [18 국가9급, 17 경간부]*
> 2. 살인죄 등과 같이 법정형이 무거운 범죄의 경우에도 직접증거 없이 간접증거만에 의하여 유죄를 인정할 수 있고, 살해의 방법이나 피해자의 사망경위에 관한 중요한 단서인 피해자의 사체가 멸실된 경우라 하더라도 간접증거를 상호 관련하에서 종합적으로 고찰하여 살인죄의 공소사실을 인정할 수 있다[대판 2012.9.27. 2012도2658]. [20 경찰승진, 19 변호사]*
> 3. 범행에 관한 간접증거만이 존재하고 더구나 그 간접증거의 증명력에 한계가 있는 경우, 범인으로 지목되고 있는 자에게 범행을 저지를 만한 동기가 발견되지 않는다면, 만연히 무엇인가 동기가 분명히 있는데도 이를 범인이 숨기고 있다고 단정할 것이 아니라 반대로 간접증거의 증명력이 그만큼 떨어진다고 평가하는 것이 형사 증거법의 이념에 부합하는 것이다 [대판 2006.3.9. 2005도8675].

3. 자유심증주의의 한계

> **판례 | 자유심증주의의 한계 내지 기준**
>
> 1. 비록 사실의 인정이 사실심의 전권이라 하더라도 범죄사실이 인정되는지 여부는 논리와 경험법칙에 따라야 하고, 충분한 증명력이 있는 증거를 합리적 이유 없이 배척하거나 반대로 객관적인 사실에 명백히 반하는 증거를 근거 없이 채택·사용하는 것은 자유심증주의의 한계를 벗어나는 것으로서 법률 위반에 해당한다[대판 2016.10.13. 2015도17869].
> **동지판례** 증거의 취사 선택 및 평가와 이를 토대로 한 사실의 인정은 논리와 경험의 법칙을 위반하여 자유심증주의의 한계를 벗어나지 않는 한 사실심법원의 전권에 속하고 상고법원도 이에 기속된다[대판 2017.1.25. 2016도13489].

2. 형사재판에 있어서 유죄로 인정하기 위한 심증형성의 정도는 합리적인 의심을 할 여지가 없을 정도여야 하나, 이는 모든 가능한 의심을 배제할 정도에 이를 것까지 요구하는 것은 아니며, 증명력이 있는 것으로 인정되는 증거를 합리적인 근거가 없는 의심을 일으켜 이를 배척하는 것은 자유심증주의의 한계를 벗어나는 것으로 허용될 수 없다 할 것인바, 여기에서 말하는 '합리적 의심'이라 함은 모든 의문, 불신을 포함하는 것이 아니라 논리와 경험칙에 기하여 요증사실과 양립할 수 없는 사실의 개연성에 대한 합리성 있는 의문을 의미하는 것으로서, 피고인에게 유리한 정황을 사실인정과 관련하여 파악한 이성적 추론에 그 근거를 두어야 하는 것이므로 단순히 관념적인 의심이나 추상적인 가능성에 기초한 의심은 합리적 의심에 포함된다고 할 수 없다[대판 2013.6.27. 2013도4172]. [17 변호사, 17 경간부]*

3. 증거판단에 관한 전권을 가지고 있는 사실심 법관은 사실인정에 있어 공판절차에서 획득된 인식과 조사된 증거를 남김없이 고려하여야 한다[대판 2010.3.11. 2009도5858].

4. 항소심이 심리과정에서 심증의 형성에 영향을 미칠 만한 객관적 사유가 새로 드러난 것이 없는데도 제1심판단을 재평가하여 사후심적으로 판단하여 뒤집고자 할 때에는, 제1심의 증거가치 판단이 명백히 잘못되었다거나 사실인정에 이르는 논증이 논리와 경험의 법칙에 어긋나는 등 그 판단을 그대로 유지하는 것이 현저히 부당하다고 볼 만한 합리적인 사정이 있어야 하고, 그러한 예외적 사정도 없이 제1심의 사실인정에 관한 판단을 함부로 뒤집어서는 안 된다[대판 2022.5.26. 2017도11582].

5. 유전자검사나 혈액형검사 등 과학적 증거방법은 전제로 하는 사실이 모두 진실임이 증명되고 추론의 방법이 과학적으로 정당하여 오류의 가능성이 없거나 무시할 정도로 극소하다고 인정되는 경우에는 법관이 사실인정을 할 때 상당한 정도로 구속력을 가진다. 그러나 이 경우 법관은 과학적 증거방법이 증명하는 대상이 무엇인지, 즉 증거방법과 쟁점이 어떠한 관련성을 갖는지를 면밀히 살펴 신중하게 사실인정을 하여야 한다[대판 2022.6.16. 2022도2236].

4. 각종증거의 증명력 판단

(1) 일관성 있는 진술의 증명력

> **⚖ 판례 | 일관성 있는 증인의 증언을 함부로 배척할 수 있는지의 여부(= 원칙적 소극)**
>
> 피해자를 비롯한 증인들의 진술이 대체로 일관되고 공소사실에 부합하는 경우 객관적으로 보아 도저히 신빙성이 없다고 볼 만한 별도의 신빙성 있는 자료가 없는 한 이를 함부로 배척하여서는 안 된다[대판 2012.6.28. 2012도2631].
>
> **동지판례** 증인의 진술이 그 주요 부분에 있어서 일관성이 있는 경우에는 그 밖의 사소한 사항에 관한 진술에 다소 일관성이 없다는 등의 사정만으로는 그 진술의 신빙성을 함부로 부정할 것은 아니다[대판 2013.2.28. 2012도15689].

(2) 수뢰죄에 있어 "금품을 제공하였다."는 사람의 진술

> **⚖ 판례 | 금원을 제공하였다는 사람의 진술만으로 피고인의 수뢰죄를 인정하기 위한 요건**
>
> 금원수수 여부가 쟁점이 된 사건에서 금원수수자로 지목된 피고인이 수수사실을 부인하고 있고 이를 뒷받침할 금융자료 등 객관적 물증이 없는 경우 금원을 제공하였다는 사람의 진술만으로 유죄를 인정하기 위해서는 그 사람의 진술이 증거능력이 있어야 함은 물론 합리적인 의심을 배제할 만한 신빙성이 있어야 하고, 신빙성이 있는지 여부를 판단할 때에는 그 진술 내용 자체의 합리성, 객관적 상당성, 전후의 일관성뿐만 아니라 그의 인간됨, 그 진술로 얻게 되는 이해관계 유무, 특히 그에게 어떤 범죄의 혐의가 있고 그 혐의에 대하여 수사가 개시될 가능성이 있거나 수사가 진행 중인 경우에는 이를 이용한 협박이나 회유 등의 의심이 있어 그 진술의 증거능력이 부정되는 정도에까지 이르지 않는 경우에도 그로 인한 궁박한 처지에서 벗어나려는 노력이 진술에 영향을 미칠 수 있는지 여부 등도 아울러 살펴보아야 한다[대판 2016.2.18. 2015도11428].

(3) 진단서 등의 증거가치

⚖ 판례 | 상해진단서의 증거가치

상해죄의 피해자가 제출하는 상해진단서는 일반적으로 의사가 당해 피해자의 진술을 토대로 상해의 원인을 파악한 후 의학적 전문지식을 동원하여 관찰·판단한 상해의 부위와 정도 등을 기재한 것으로서 거기에 기재된 상해가 곧 피고인의 범죄행위로 인하여 발생한 것이라는 사실을 직접 증명하는 증거가 되기에 부족한 것이지만, 그 상해에 대한 진단일자 및 상해진단서 작성일자가 상해 발생시점과 시간상으로 근접하고 상해진단서 발급 경위에 특별히 신빙성을 의심할 만한 사정이 없으며 거기에 기재된 상해 부위와 정도가 피해자가 주장하는 상해의 원인 내지 경위와 일치하는 경우에는, 그 무렵 피해자가 제3자로부터 폭행을 당하는 등으로 달리 상해를 입을 만한 정황이 발견되거나 의사가 허위로 진단서를 작성한 사실이 밝혀지는 등의 특별한 사정이 없는 한, 그 상해진단서는 피해자의 진술과 더불어 피고인의 상해 사실에 대한 유력한 증거가 되고, 합리적인 근거 없이 그 증명력을 함부로 배척할 수 없다[대판 2011.1.27. 2010도12728].

동지판례 상해사건의 경우 상처를 진단한 의사의 진술이나 진단서는 폭행, 상해 등의 사실자체에 대한 직접적인 증거가 되는 것은 아니고, 다른 증거에 의하여 폭행, 상해의 가해행위가 인정되는 경우에 그에 대한 상해의 부위나 정도의 점에 대한 증거가 된다 할 것이므로 의사의 진술이나 그가 작성한 진단서는 의사로서 피해자를 진찰한 결과 외력에 의하여 상처가 있었다는 소견을 나타낸 데 불과하고 그것만으로 상해의 원인이 피고인의 폭행에 의한 것이라고 단정할 수 없다[대판 1983.2.8. 82도3021].

(4) 과학적 증거방법의 증명력

⚖ 판례 | 과학적 증거방법이 사실인정에서 상당한 정도의 구속력을 갖기 위한 요건

과학적 증거방법이 사실인정에 있어서 상당한 정도로 구속력을 갖기 위해서는 감정인이 전문적인 지식·기술·경험을 가지고 공인된 표준 검사기법으로 분석한 후 법원에 제출하였다는 것만으로는 부족하고, 시료의 채취·보관·분석 등 모든 과정에서 시료의 동일성이 인정되고 인위적인 조작·훼손·첨가가 없었음이 담보되어야 하며 각 단계에서 시료에 대한 정확한 인수·인계 절차를 확인할 수 있는 기록이 유지되어야 한다[대판 2018.2.8. 2017도14222].

⚖ 판례 | 과학적 증거방법의 증명력

1. 유전자검사나 혈액형검사 등 과학적 증거방법은 그 전제로 하는 사실이 모두 진실임이 입증되고 그 추론의 방법이 과학적으로 정당하여 오류의 가능성이 전무하거나 무시할 정도로 극소한 것으로 인정되는 경우에는 법관이 사실인정을 함에 있어 상당한 정도로 구속력을 가지므로, 비록 사실의 인정이 사실심의 전권이라 하더라도 아무런 합리적 근거 없이 함부로 이를 배척하는 것은 자유심증주의의 한계를 벗어나는 것으로서 허용될 수 없다[대판 2007.5.10. 2007도1950].

2. 유전자검사결과 주사기에서 마약성분과 함께 피고인의 혈흔이 확인됨으로써 피고인이 필로폰을 투약한 사정이 적극적으로 증명되는 경우, 반증의 여지가 있는 소변 및 모발검사에서 마약성분이 검출되지 않았다는 소극적 사정에 관한 증거만으로 유전자검사결과를 쉽사리 뒤집을 수 없다[대판 2009.3.12. 2008도8486].

3. 호흡측정기에 의한 음주측정치와 혈액검사에 의한 음주측정치가 다른 경우에 어느 음주측정치를 신뢰할 것인지는 법관의 자유심증에 의한 증거취사선택의 문제라고 할 것이나, 혈액의 채취 또는 검사과정에서 인위적인 조작이나 관계자의 잘못이 개입되는 등 혈액채취에 의한 검사결과를 믿지 못할 특별한 사정이 없는 한, 혈액검사에 의한 음주측정치가 호흡측정기에 의한 음주측정치보다 측정 당시의 혈중알콜농도에 더 근접한 음주측정치라고 보는 것이 경험칙에 부합한다[대판 2004.2.13. 2003도6905].

[18 경찰채용, 17 변호사]*

(5) 1심판단의 번복

⚖ 판례 | 1심판단을 번복하기 위한 요건

1. 제1심 증인이 한 진술에 대한 항소심의 신빙성 유무 판단은 원칙적으로 증인신문조서를 포함한 기록만을 그 자료로 삼게 되므로, 진술의 신빙성 유무 판단을 할 때 가장 중요한 요소 중의 하나라 할 수 있는 제1심 진술 당시 증인의 모습이나 태도, 진술의 뉘앙스 등을 그 평가에 반영하기가 어렵다. 이러한 사정을 고려하면, 제1심판결 내용과 제1심에서 적법하게 증거조사를 거친 증거들에 비추어 제1심 증인이 한 진술의 신빙성 유무에 대한 제1심의 판단이 명백하게 잘못되었다고 볼 특별한 사정이 있거나, 제1심의 증거조사 결과와 항소심 변론종결시까지 추가로 이루어진 증거조사 결과를 종합하면 제1심 증인이 한 진술의 신빙성 유무에 대한 제1심의 판단을 그대로 유지하는 것이 현저히 부당하다고 인정되는 예외적인 경우가 아니라면, 항소심으로서는 제1심 증인이 한 진술의 신빙성 유무에 대한 제1심의 판단이 항소심의 판단과 다르다는 이유만으로 이에 대한 제1심의 판단을 함부로 뒤집어서는 아니 된다. 특히 공소사실을 뒷받침하는 증거의 경우에는, 증인신문 절차를 진행하면서 진술에 임하는 증인의 모습과 태도를 직접 관찰한 제1심이 증인의 진술에 대하여 그 신빙성을 인정할 수 없다고 판단하였음에도 불구하고, 항소심이 이를 뒤집어 그 진술의 신빙성을 인정할 수 있다고 판단할 수 있으려면, 진술의 신빙성을 배척한 제1심의 판단을 수긍할 수 없는 충분하고도 납득할 만한 현저한 사정이 나타나는 경우이어야 한다[대판 2006.11.24. 2006도4994; 동지 대판 2019.7.24. 2018도17748].

2. 항소심이 제1심 증인 등을 다시 신문하는 등의 추가 증거조사를 거쳐 그 신빙성을 심사하여 본 결과 제1심이 들고 있는 의심과 일부 어긋날 수 있는 사실의 개연성이 드러남으로써 제1심의 판단에 의문이 생긴다 하더라도, 제1심이 제기한 의심이 금품 제공과 양립할 수 없거나 그 진술의 신빙성 인정에 장애가 되는 사실의 개연성에 대한 합리성 있는 근거에 기초하고 있고 제1심의 증거조사 결과와 항소심의 추가 증거조사 결과에 의하여도 제1심이 일으킨 이러한 합리적인 의심을 충분히 해소할 수 있을 정도에까지 이르지 아니한다면, 그와 같은 일부 반대되는 사실에 관한 개연성 또는 의문만으로 그 진술의 신빙성 및 범죄의 증명이 부족하다는 제1심의 판단에 사실오인의 위법이 있다고 단정하여 공소사실을 유죄로 인정하여서는 아니 된다[대판 2016.6.23. 2016도2889].

⚖ 판례 | 제1심이 채용한 증거에 대하여, 항소심이 그 신빙성에 의문을 가질 경우 취해야 할 조치

형사재판에서 항소심은 사후심 겸 속심의 구조이므로, 제1심이 채용한 증거에 대하여 그 신빙성에 의문은 가지만 그렇다고 직접 증거조사를 한 제1심의 자유심증이 명백히 잘못되었다고 볼 만한 합리적인 사유도 나타나 있지 아니한 경우에는, 비록 동일한 증거라고 하더라도 다시 한번 증거조사를 하여 항소심이 느끼고 있는 의문점이 과연 그 증거의 신빙성을 부정할 정도의 것인지 알아보거나, 그 증거의 신빙성에 대하여 입증의 필요성을 느끼지 못하고 있는 검사에 대하여 항소심이 가지고 있는 의문점에 관하여 입증을 촉구하는 등의 방법으로 그 증거의 신빙성에 대하여 더 심리하여 본 후 그 채부를 판단하여야 하고, 그 증거의 신빙성에 의문이 간다는 사유만으로 더 이상 아무런 심리를 함이 없이 그 증거를 곧바로 배척하여서는 아니 된다[대판 1996.12.6. 96도2461].

(6) 확정판결에서 인정된 사실의 증명력

⚖ 판례 | 다른 형사사건의 확정판결에서 인정된 사실의 증명력

형사재판에 있어서 이와 관련된 다른 형사사건의 확정판결에서 인정된 사실은 특별한 사정이 없는 한 유력한 증거자료가 되는 것이나, 당해 형사재판에서 제출된 다른 증거 내용에 비추어 관련 형사사건의 확정판결에서의 사실판단을 그대로 채택하기 어렵다고 인정될 경우에는 이를 배척할 수 있다[대판 2014.3.27. 2014도1200]. [20 경간부. 17 변호사]*

동지판례 형사재판에 있어서 관련된 민사사건의 판결에서 인정된 사실은 공소사실에 대하여 유력한 인정자료가 된다고 할지라도 반드시 그 민사판결의 확정사실에 구속을 받는 것은 아니고, 형사법원은 증거에 의하여 민사판결에서 확정된 사실과 다른 사실을 인정할 수 있다[대판 2011.11.24. 2009도980].

(7) 범인식별 절차

⚖️ **판례 | 범인식별 절차의 방식**

1. 범인식별 절차에 있어 목격자의 진술의 신빙성을 높게 평가할 수 있게 하려면, 범인의 인상착의 등에 관한 목격자의 진술 내지 묘사를 사전에 상세히 기록화한 다음, 용의자를 포함하여 그와 인상착의가 비슷한 여러 사람을 동시에 목격자와 대면시켜 범인을 지목하도록 하여야 하고, 용의자와 목격자 및 비교대상자들이 상호 사전에 접촉하지 못하도록 하여야 하며, 사후에 증거가치를 평가할 수 있도록 대질 과정과 결과를 문자와 사진 등으로 서면화하는 등의 조치를 취하여야 하고, 사진제시에 의한 범인식별 절차에 있어서도 기본적으로 이러한 원칙에 따라야 한다. 그리고 이러한 원칙은 동영상 제시·가두식별 등에 의한 범인식별 절차와 사진제시에 의한 범인식별 절차에서 목격자가 용의자를 범인으로 지목한 후에 이루어지는 동영상제시·가두식별·대면 등에 의한 범인식별 절차에도 적용되어야 한다. [2] 강간 피해자가 수사기관이 제시한 47명의 사진 속에서 피고인을 범인으로 지목하자 이어진 범인식별 절차에서 수사기관이 피해자에게 피고인 한 사람만을 촬영한 동영상을 보여주거나 피고인 한 사람만을 직접 보여주어 피해자로부터 범인이 맞다는 진술을 받고, 다시 피고인을 포함한 3명을 동시에 피해자에게 대면시켜 피고인이 범인이라는 확인을 받은 경우 신빙성이 낮다[대판 2008.1.17.
2007도5201]. [17 경간부]*

2. 용의자의 인상착의 등에 의한 범인식별 절차에서 용의자 한 사람을 단독으로 목격자와 대질시키거나 용의자의 사진 한 장만을 목격자에게 제시하여 범인 여부를 확인하게 하는 것은 사람의 기억력의 한계 및 부정확성과 구체적인 상황하에서 용의자나 그 사진상의 인물이 범인으로 의심받고 있다는 무의식적 암시를 목격자에게 줄 수 있는 가능성으로 인하여, 그러한 방식에 의한 범인식별 절차에서의 목격자의 진술은, 그 용의자가 종전에 피해자와 안면이 있는 사람이라든가 피해자의 진술 외에도 그 용의자를 범인으로 의심할 만한 다른 정황이 존재한다든가 하는 등의 부가적인 사정이 없는 한 그 신빙성이 낮다[대판 2008.1.17.
2007도5201]. [17 경간부]*

3. [1] 범죄 발생 직후 목격자의 기억이 생생하게 살아있는 상황에서 현장이나 그 부근에서 범인식별 절차를 실시하는 경우에는, 목격자에 의한 생생하고 정확한 식별의 가능성이 열려 있고 범죄의 신속한 해결을 위한 즉각적인 대면의 필요성도 인정할 수 있으므로, 용의자와 목격자의 일대일 대면도 허용된다. [17 경간부]*
   [2] 피해자가 경찰관과 함께 범행 현장에서 범인을 추적하다 골목길에서 범인을 놓친 직후 골목길에 면한 집을 탐문하여 용의자를 확정한 경우, 그 현장에서 용의자와 피해자의 일대일 대면이 허용된다[대판 2009.6.11.
2008도12111].
   [사실관계] 피고인이 피해자를 강제로 추행하고 도주하자 피해자가 범인을 뒤쫓아 가다가 때마침 순찰활동 중이던 경찰차에 탑승하여 범인을 추적하게 되었고, 이후 경찰관들이 피고인이 숨어 들어간 것으로 추측되는 주택 2층의 피고인 방에 피해자를 데려와 피고인과 대면을 시킨 다음 범인이 맞는지 물어보아 맞다는 대답을 들은 경우이다.

(8) 성폭행 사건에서 피해자의 진술

⚖️ **판례 | 성폭행 사건에서 피해자 진술의 증명력 판단**

1. 성폭행이나 성희롱 사건의 피해자가 피해사실을 알리고 문제를 삼는 과정에서 오히려 피해자가 부정적인 여론이나 불이익한 처우 및 신분 노출의 피해 등을 입기도 하여 온 점 등에 비추어 보면, 성폭행 피해자의 대처 양상은 피해자의 성정이나 가해자와의 관계 및 구체적인 상황에 따라 다르게 나타날 수밖에 없다. 따라서 개별적, 구체적인 사건에서 성폭행 등의 피해자가 처하여 있는 특별한 사정을 충분히 고려하지 않은 채 피해자 진술의 증명력을 가볍게 배척하는 것은 정의와 형평의 이념에 입각하여 논리와 경험의 법칙에 따른 증거판단이라고 볼 수 없다.
   위와 같은 법리는, 피해자임을 주장하는 자가 성폭행 등의 피해를 입었다고 신고한 사실에 대하여 증거불충분 등을 이유로 불기소처분되거나 무죄판결이 선고된 경우 반대로 이러한 신고내용이 객관적 사실에 반하여 무고죄가 성립하는지 여부를 판단할 때에도 마찬가지로 고려되어야 한다. 따라서 성폭행 등의 피해를 입었다는 신고사실에 관하여 불기소처분 내지 무죄판결이 내려졌다고 하여, 그 자체를 무고를 하였다는 적극적인 근거로 삼아 신고내용을 허위라고 단정하여서는 아니 된다. 또한 개별적, 구체적인 사건에서 피해자임을 주장하는 자가 처하였던 특별한 사정을 충분히 고려하지 아니한 채 진정한 피해자라면 마땅히 이렇게 하였을 것이라는 기준을 내세워 성폭행 등의 피해를 입었다는 점 및 신고에 이르게 된 경위 등에 관한 변소를 쉽게 배척하여서는 아니 된다[대판 2019.7.11.
2018도2614].

2. 피해자가 피고인으로부터 강간을 당한 후 다음 날 혼자서 다시 피고인의 집을 찾아간 것이 일반적인 평균인의 경험칙이나 통념에 비추어 범죄 피해자로서는 취하지 않았을 특이하고 이례적인 행태로 보인다고 하더라도, 그로 인하여 곧바로 피해자의 진술에 신빙성이 없다고 단정할 수는 없다. 범죄를 경험한 후 피해자가 보이는 반응과 피해자가 선택하는 대응 방법은 천차만별인바, 강간을 당한 피해자가 반드시 가해자나 가해현장을 무서워하며 피하는 것이 마땅하다고는 볼 수 없고, 경우에 따라서는 가해자를 별로 무서워하지 않거나 피하지 않고 나아가 가해자를 먼저 찾아가는 것도 불가능하다고 볼 수는 없다. 피해와 피고인의 나이 차이, 범행 이전의 우호적인 관계 등에 비추어 보면, 피해자로서는 사귀는 사이인 것으로 알았던 피고인이 자신을 상대로 느닷없이 강간 범행을 한 것에 대해서 의구심을 가지고 그 해명을 듣고 싶어 하는 마음을 가졌던 것으로 보이고, 피해자의 그러한 심리가 성폭력을 당한 여성으로서는 전혀 보일 수 없을 정도로 이례적이고 납득 불가능한 것이라고 할 수는 없다. 따라서 피해자가 2018.1.26.자 강간을 당한 후 그 다음 날 스스로 피고인의 집에 찾아갔다고 하더라도, 그러한 피해자의 행위가 피해자 진술의 신빙성을 배척할 사정이 되지는 못한다는 것이다[대판 2020.9.7., 2020도8016].

3. '성추행 피해자가 추행 즉시 행위자에게 항의하지 않은 사정'이나 '피해 신고시 성폭력이 아닌 다른 피해사실을 먼저 진술한 사정'만으로 곧바로 피해자 진술의 신빙성을 부정할 것이 아니고, 가해자와의 관계와 피해자의 구체적 상황을 모두 살펴 판단하여야 한다[대판 2020.9.24., 2020도7869].

4. 범행 후 피해자의 태도 중 '마땅히 그러한 반응을 보여야만 하는 피해자'로 보이지 않는 사정이 존재한다는 이유만으로 피해자 진술의 신빙성을 함부로 배척할 수 없다[대판 2020.10.29., 2019도4047].

🔎 판례 | 친족간의 성폭행 사건에서 미성년자인 피해자 진술의 증명력 판단

1. 미성년자인 피해자가 자신을 보호·감독하는 지위에 있는 친족으로부터 강간이나 강제추행 등 성범죄를 당하였다고 진술하는 경우에 그 진술의 신빙성을 판단함에 있어서, 피해자가 자신의 진술 이외에는 달리 물적 증거 또는 직접 목격자가 없음을 알면서도 보호자의 형사처벌을 무릅쓰고 스스로 수치스러운 피해 사실을 밝히고 있고, 허위로 그와 같은 진술을 할 만한 동기나 이유가 분명하게 드러나지 않을 뿐만 아니라, 진술 내용이 사실적·구체적이고, 주요 부분이 일관되며, 경험칙에 비추어 비합리적이거나 진술 자체로 모순되는 부분이 없다면, 그 진술의 신빙성을 함부로 배척해서는 안 된다. 특히 친족관계에 의한 성범죄를 당하였다는 미성년자 피해자의 진술은 피고인에 대한 이중적인 감정, 가족들의 계속되는 회유와 압박 등으로 인하여 번복되거나 불분명해질 수 있는 특수성을 갖고 있으므로, 피해자가 법정에서 수사기관에서의 진술을 번복하는 경우, 수사기관에서 한 진술 내용 자체의 신빙성 인정 여부와 함께 법정에서 진술을 번복하게 된 동기나 이유, 경위 등을 충분히 심리하여 어느 진술에 신빙성이 있는지를 신중하게 판단하여야 한다[대판 2020.5.14., 2020도2433].

2. 피고인의 친딸로 가족관계에 있던 피해자가 '마땅히 그러한 반응을 보여야만 하는 피해자'로 보이지 않는다는 이유만으로 피해자 진술의 신빙성을 함부로 배척할 수 없다. 그리고 친족관계에 의한 성범죄를 당하였다는 피해자의 진술은 피고인에 대한 이중적인 감정, 가족들의 계속되는 회유와 압박 등으로 인하여 번복되거나 불분명해질 수 있는 특수성이 있다는 점을 고려해야 한다[대판 2020.8.20., 2020도6965].

5. 자유심증주의의 예외

(1) 자백의 보강법칙

피고인의 자백이 그 피고인에게 불이익한 유일한 증거일 때에는 이를 유죄의 증거로 하지 못한다(제310조). 즉, 피고인의 자백에 의하여 법관이 유죄의 심증은 얻었다 하더라도 이에 대한 보강증거가 없으면 법관의 심증에 반하더라도 무죄판결을 선고할 수밖에 없다는 점에서 이는 자유심증주의의 예외에 해당한다.

(2) 공판조서의 증명력

공판기일의 소송절차로서 공판조서에 기재된 것은 그 조서만으로써 증명한다(제56조). 따라서 공판기일의 소송절차에 관한 사항은 법관의 심증 여하를 불문하고 공판조서에 기재된 내용대로 인정해야 하므로 이는 자유심증주의의 예외에 해당한다.

(3) 진술거부권의 행사

피고인이 진술거부권을 행사하여 진술을 거부한다고 하더라도 법관은 이를 근거로 그 피고인에게 불리하게 심증을 형성해서는 안 된다. 만약 진술거부권 행사를 이유로 유죄판결을 선고하거나 이를 피고인에게 불리한 간접증거로 사용한다면, 진술거부권을 인정한 취지가 몰각되기 때문이다. 이러한 의미에서 진술거부권의 행사는 자유심증주의의 예외에 해당한다.

제2절 탄핵증거

1. 의의

(1) 개념

탄핵증거란 진술의 증명력을 다투기 위하여 사용되는 증거를 말한다.

(2) 탄핵증거와 자유심증주의

탄핵증거에 의하여 탄핵되는 증거의 증명력은 여전히 법관의 자유판단에 의해 결정되며, 법관은 탄핵과정을 통하여 증거의 증명력을 신중히 판단하게 되므로 탄핵증거는 자유심증주의를 보강하는 의미를 가진다.

2. 탄핵증거의 자격

(1) 임의성 없는 자백

자백배제법칙에 의하여 증거능력이 부정되는 임의성 없는 자백은 탄핵증거로 사용될 수 없다. 임의성 없는 자백의 증거능력 부정은 절대적이기 때문이다.

(2) 위법수집증거

위법수집증거를 탄핵증거로 사용하는 것을 허용하면 사실상 증거배제의 효과를 회피하는 결과를 초래하므로 탄핵증거로 사용하는 것은 허용되지 않는다.

(3) 전문증거

탄핵증거는 범죄사실을 인정하는 증거가 아니라 진술의 증명력을 다투기 위한 것이므로 증거능력 없는 전문증거도 증거로 할 수 있다(제318조의2 제1항). 즉, 탄핵증거는 전문법칙이 적용되지 않는다. [22 경찰채용]*

☆ 판례 | 탄핵증거도 엄격한 증거능력을 요하는지의 여부(소극)

탄핵증거는 범죄사실을 인정하는 증거가 아니므로 그것이 증거서류이든 진술이든간에 유죄증거에 관한 소송법상의 엄격한 증거능력을 요하지 아니한다[대판 1985.5.14. 85도441]. [20 국가9급, 18 변호사, 18 경찰채용, 16 법원9급, 16 경찰채용]*

> **⚖ 판례 | 탄핵증거의 자격(= 증거능력이 없는 전문증거도 탄핵증거로 사용가능)**
>
> 1. 사법경찰리 작성의 피고인에 대한 피의자신문조서와 피고인이 작성한 자술서들은 모두 검사가 유죄의 자료로 제출한 증거들로서 피고인이 각 그 내용을 부인하는 이상 증거능력이 없으나, 그러한 증거라 하더라도 피고인의 법정에서의 진술을 탄핵하기 위한 반대증거로 사용할 수 있다[대판 1998.2.27. 97도1770].
>
> 2. 유죄의 자료가 되는 것으로 제출된 증거의 반대증거 서류에 대하여는 그것이 유죄사실을 인정하는 증거가 되는 것이 아닌 이상 그 진정성립이 증명되지 아니하거나 이를 증거로 함에 있어서의 상대방의 동의가 없다고 하더라도 증거판단의 자료로 할 수 있다[대판 1981.12.22. 80도1547]. [19 국가9급, 18 경간부, 17 경찰승진, 16 경간부]*
>
>   [동지판례] 검사가 지적하는 증거들은 유죄의 자료로 제출한 증거들로서 그 진정성립이 인정되지 아니하고 이를 증거로 함에 상대방의 동의가 없었기는 하나, 그러한 증거라고 하더라도 유죄사실을 인정하는 증거로 사용하는 것이 아닌 이상 공소사실과 양립할 수 없는 사실을 인정하는 자료로 쓸 수 있다[대판 1994.11.11. 94도1159].
>
>   [기출지문]
>   1. 사법경찰관 작성의 피고인에 대한 피의자신문조서는 피고인이 그 내용을 부인하는 경우, 그것이 임의로 작성된 것이 인정되더라도 피고인의 법정진술을 탄핵하기 위한 반대증거로 사용할 수 없다. (×)
>   2. 탄핵증거에 대하여는 그 진정성립이 증명되지 않더라도 무방하다. (○)

(4) 영상녹화물의 탄핵증거 사용 제한

1) 기억환기용으로 사용 가능

영상녹화물은 탄핵증거로 사용할 수 없다. 다만, 영상녹화물은 피고인 또는 피고인이 아닌 자가 진술함에 있어서 '기억이 명백하지 아니한 사항에 관하여 기억을 환기시켜야 할 필요가 있다고 인정되는 때에 한하여' 피고인 또는 피고인이 아닌 자에게 재생하여 시청하게 할 수 있다(제318조의2 제2항). [20 경찰승진, 18 경간부, 18 경찰채용, 17 경찰승진]* 영상녹화물의 재생은 검사의 신청이 있는 경우에 한하고, 기억의 환기가 필요한 피고인 또는 피고인 아닌 자에게만 이를 재생하여 시청하게 하여야 한다(규칙 제134조의5 제1항).

> **⚖ 판례 | 수사기관이 참고인을 조사하는 과정에서 작성한 영상녹화물을 공소사실을 입증하는 본증으로 사용할 수 있는지의 여부(= 소극)**
>
> [1] 2007.6.1. 법률 제8496호로 개정되기 전의 형사소송법에는 없던 수사기관에 의한 피의자 아닌 자(이하 '참고인'이라 한다) 진술의 영상녹화를 새로 정하면서 그 용도를 참고인에 대한 진술조서의 실질적 진정성립을 증명하거나 참고인의 기억을 환기시키기 위한 것으로 한정하고 있는 현행 형사소송법의 규정 내용을 영상물에 수록된 성범죄 피해자의 진술에 대하여 독립적인 증거능력을 인정하고 있는 성폭력범죄의 처벌 등에 관한 특례법 제30조 제6항 또는 아동·청소년의 성보호에 관한 법률 제26조 제6항의 규정과 대비하여 보면, 수사기관이 참고인을 조사하는 과정에서 형사소송법 제221조 제1항에 따라 작성한 영상녹화물은, 다른 법률에서 달리 규정하고 있는 등의 특별한 사정이 없는 한, 공소사실을 직접 증명할 수 있는 독립적인 증거로 사용될 수는 없다고 해석함이 타당하다.
>
> [2] 피고인의 동의가 없는 이상 참고인에 대한 진술조서의 작성이 없는 상태에서 수사기관이 그의 진술을 영상녹화한 영상녹화물만을 독자적인 증거로 쓸 수 없고 그 녹취록 또한 증거로 사용할 수 없는 위 영상녹화물의 내용을 그대로 녹취한 것이므로 역시 증거로 사용할 수 없다[대판 2014.7.10. 2012도5041]. [22 경간부]*

2) 영상녹화물의 탄핵증거 사용 제한의 취지

영상녹화물을 탄핵증거로 사용할 수 없는 이유는 수사기관에서 만들어진 영상녹화물이 무분별하게 법정에 제출되고 또한 탄핵증거 등으로 사용된다면 공판중심주의는 퇴색하고 영상녹화물에 의한 재판(이른바 극장재판)이 이루어지는 폐단이 생기기 때문이다.

3. 탄핵증거의 사용범위(입증취지와의 관계)

> **⚖ 판례 | 탄핵증거를 범죄사실 또는 간접사실을 인정하기 위한 증거로 사용할 수 있는지의 여부(소극)**
>
> 1. 탄핵증거는 진술의 증명력을 감쇄하기 위하여 인정되는 것이고 범죄사실 또는 그 간접사실의 인정의 증거로서는 허용되지 않는다[대판 2012.10.25. 2011도5459]. [20 경찰채용, 20 국가9급, 19 경찰승진, 18 경간부, 18 경찰채용, 17 변호사, 17 국가9급, 16 국가7급]*
> 2. 검사가 탄핵증거로 신청한 체포·구속인접견부 사본은 피고인의 부인진술을 탄핵한다는 것이므로 결국 검사에게 입증책임이 있는 공소사실 자체를 입증하기 위한 것에 불과하므로 피고인의 진술의 증명력을 다투기 위한 탄핵증거로 볼 수 없다. 따라서 원심이 그 증거신청을 기각한 것은 정당하다[대판 2012.10.25. 2011도5459]. [20 경찰채용, 19 경찰승진, 16 법원9급]*

4. 탄핵의 대상과 범위

(1) 탄핵의 대상

탄핵의 대상은 공판준비 또는 공판기일에서의 피고인 또는 피고인이 아닌 자(공소제기 전에 피고인을 피의자로 조사하였거나 그 조사에 참여하였던 자도 포함)의 진술의 증명력이다. 피고인 아닌 자, 예컨대 증인의 증언은 물론 피고인의 법정진술도 탄핵의 대상이 되고 또한 자기측 증인의 증언도 탄핵의 대상이 된다.

> **⚖ 판례 | 피고인의 법정진술이 탄핵의 대상이 되는지 여부(= 적극)**
>
> 사법경찰리 작성의 피고인에 대한 피의자신문조서와 피고인이 작성한 자술서들은 모두 검사가 유죄의 자료로 제출한 증거들로서 피고인이 각 그 내용을 부인하는 이상 증거능력이 없으나, 그러한 증거라 하더라도 '피고인의 법정에서의 진술을 탄핵'하기 위한 반대증거로 사용할 수 있다[대판 1998.2.27. 97도1770]. [20 경찰채용, 20 국가9급, 18 변호사, 17 변호사, 16 국가7급, 16 경찰채용]*

(2) 탄핵의 범위

형사소송법 제318조의2에 의하여 탄핵증거는 진술의 증명력을 다투기 위한 경우에만 허용된다. 따라서 처음부터 증명력을 지지하거나 보강하는 것은 허용되지 아니한다. 다만, 일단 감쇄된 증명력을 회복하는 경우도 '증명력을 다투기 위한' 것이므로 허용된다(다수설).

5. 탄핵증거의 증거조사방법

(1) 탄핵증거의 제출시기

탄핵증거는 성질상 그것에 의하여 증명력이 다투어질 진술이 행하여진 후가 아니면 이를 제출할 수 없다. 따라서 증인의 경우에는 원칙적으로 그 신문이 종료한 후에 탄핵증거를 제출하여야 한다.

(2) 제출방법과 증거조사방법 및 장소

> **⚖ 판례 | 탄핵증거의 증거조사 방법**
>
> 1. (제출방법) 탄핵증거의 제출에 있어서도 상대방에게 이에 대한 공격방어의 수단을 강구할 기회를 사전에 부여하여야 한다는 점에서 그 증거와 증명하고자 하는 사실과의 관계 및 입증취지 등을 미리 구체적으로 명시하여야 할 것이므로, 증명력을 다투고자 하는 (탄핵)증거의 어느 부분에 의하여 진술의 어느 부분을 다투려고 한다는 것을 사전에 상대방에게 알려야 한다[대판 2005.8.19. 2005도2617]. [20 경찰채용, 20 국가7급, 20 국가9급, 19 경찰승진, 18 변호사, 18 경간부, 18 경찰채용, 17 변호사, 17 국가9급, 16 경찰채용]*

피고인이 내용을 부인하여 증거능력이 없는 사법경찰리 작성의 피의자신문조서에 대하여 비록 당초 증거제출 당시 탄핵증거라는 입증취지를 명시하지 아니하였지만 피고인의 법정 진술에 대한 탄핵증거로서의 증거조사절차가 대부분 이루어졌다고 볼 수 있는 점 등의 사정에 비추어 위 피의자신문조서를 피고인의 법정 진술에 대한 탄핵증거로 사용할 수 있다 [대판 2005.8.19. 2005도2617]. [23 변호사, 18 변호사, 18 경간부]*

2. **(증거조사 방법과 장소)** 탄핵증거는 범죄사실을 인정하는 증거가 아니므로 엄격한 증거조사를 거쳐야 할 필요가 없으나, 법정에서 이에 대한 탄핵증거로서의 증거조사는 필요하다[대판 2005.8.19. 2005도2617]. [19 경찰승진, 18 경간부, 18 경찰채용, 17 변호사, 16 경찰채용]*

제3절 자백의 보강법칙

1. 의의

(1) 개념

자백의 보강법칙이란 피고인이 임의로 한 자백이 증거능력이 있고 신빙성이 있어서 법관이 유죄의 심증을 얻었다 하더라도 그에 대한 보강증거가 없으면, 유죄판결을 선고할 수 없다는 증거법칙을 말한다. 헌법과 형사소송법도 "피고인의 자백이 그 피고인에게 불이익한 유일의 증거인 때에는 이를 유죄의 증거로 하지 못한다."고 규정하고 있다(헌법 제12조 제7항, 형사소송법 제310조).

(2) 자유심증주의의 예외

법관이 피고인의 자백에 의하여 유죄의 심증을 얻었다 하더라도 보강증거가 없으면 법관의 심증에 반하여 유죄판결을 선고할 수 없다는 점에는 이는 자유심증주의에 대한 예외에 해당한다.

(3) 자백의 보강법칙의 취지

수사기관의 고문 등 강압수사에 의한 자백편중수사를 억제하여 피고인의 인권을 보장하고 허위자백으로 인한 오판을 방지하는 데 그 취지가 있다.

(4) 자백의 보강법칙이 적용되는 절차

1) 적용되는 절차

자백의 보강법칙은 일반 형사소송절차에서 적용된다. 형사사건인 이상 통상의 공판절차는 물론 간이공판절차 또는 약식명령절차에서도 적용된다. [18 경찰승진]*

2) 적용되지 않는 절차

즉결심판에 관한 절차법이 적용되는 즉결심판과 소년법의 적용을 받는 소년보호사건에서는 자백의 보강법칙이 적용되지 않으므로 이들 절차에서는 피고인의 자백만으로 유죄를 인정할 수 있다(즉결심판법 제10조). [19 국가7급, 18 경찰승진, 18 국가9급, 17 법원9급]*

⚖️ 판례 | 소년보호사건에 있어서 자백만으로 유죄를 인정할 수 있는지의 여부(적극)

소년보호사건에 있어서는 비행사실의 일부에 관하여 자백 이외의 다른 증거가 없다 하더라도 법령적용의 착오나 소송절차의 법령위반이 있다고 할 수 없다[대결 1982.10.15. 82모36]. [18 국가9급, 17 법원9급]*

---

2. 보강이 필요한 자백

(1) 피고인의 자백

① 보강증거를 요하는 것은 피고인의 자백이다. 따라서 증인의 증언이나 참고인의 진술은 보강증거를 필요로 하지 않는다.

② 자백 당시 피고인의 지위 불문: 피고인의 자백은 반드시 피고인의 지위에서 한 것에 한하지 않는다. 따라서 참고인, 피의자, 증인의 지위에서 한 자백도 그가 후에 피고인이 되었을 때에는 피고인의 자백이 된다.

③ 자백의 상대방과 방법 불문: 수사기관과 법관에 대한 자백 이외에 사인에 대하여 한 자백도 포함되며, 구두에 의한 자백뿐만 아니라 일기장 · 수첩 · 비망록에 기재된 자백도 피고인의 자백에 포함된다.

④ 공판정의 자백도 포함: 공판정의 자백이라 하여 언제나 진실이라고는 할 수는 없으므로 피고인의 자백에는 공판정의 자백도 포함된다. [17 법원9급]*

> **✦판례 | 피고인이 범죄사실을 자백한 경우라고 볼 수 없는 경우**
>
> 피고인이 제출한 항소이유서에 '피고인은 돈이 급해 지어서는 안될 죄를 지었습니다', '진심으로 뉘우치고 있습니다'라고 기재되어 있고 피고인은 항소심 제2회 공판기일에 위 항소이유서를 진술하였으나, 곧 이어서 있은 검사와 재판장 및 변호인의 각 심문에 대하여 피고인은 범죄사실을 부인하였고, 수사단계에서도 일관되게 부인하여 온 점에 비추어 볼 때, 위와 같이 추상적인 항소이유서의 기재만을 가지고 범죄사실을 자백한 것으로 볼 수 없다[대판 1999.11.12. 99도3341].

(2) 공범자의 자백과 보강증거의 요부

> **✦판례 | 공범자의 자백이 보강증거가 필요한 '피고인의 자백'에 포함되는지 여부(포함되지 않음)**
>
> 형사소송법 제310조의 '피고인의 자백'에는 공범인 공동피고인의 진술이 포함되지 아니하므로 공범인 공동피고인의 진술은 다른 공동피고인에 대한 범죄사실을 인정하는 데 있어서 증거로 쓸 수 있고 그에 대한 보강증거의 여부는 법관의 자유심증에 맡긴다[대판 1985.3.9. 85도951]. [22 경간부, 20 변호사, 19 변호사, 18 경찰채용, 18 국가7급, 17 경간부, 16 변호사, 16 국가9급, 16 경찰채용]*

> **✦판례 | 공범인 공동피고인의 자백이 독립한 증거능력이 있는지 여부(적극)**
>
> 공동피고인의 자백은 이에 대한 피고인의 반대신문권이 보장되어 있어 증인으로 신문한 경우와 다를 바 없으므로 독립한 증거능력이 있고, 이는 피고인들간에 이해관계가 상반된다고 하여도 마찬가지라 할 것이다[대판 2006.5.11. 2006도1944]. [23 변호사, 23 경간부, 20 변호사, 20 경찰승진, 19 국가9급, 19 변호사, 18 경찰채용, 17 변호사, 17 경간부, 17 법원9급, 17 국가7급]*

---

3. 보강증거의 자격

(1) 증거능력 있는 증거

보강증거도 증거능력 있는 증거일 것을 요한다. 따라서 자백배제법칙이나 위법수집증거배제법칙에 의하여 증거능력이 없는 증거는 보강증거가 될 수 없으며, 전문증거도 전문법칙의 예외요건을 갖추어 증거능력이 인정되는 경우를 제외하고는 보강증거로 사용될 수 없다.

(2) 독립증거

보강증거는 자백과는 실질적으로 독립된 별개의 증거이어야 한다. 따라서 피고인의 자백이 기재된 서면, 피고인의 자백이 담긴 일기장과 메모, 피고인이 범행장면을 재현한 것(실질은 동일한 피고인의 자백에 해당)은 보강증거가 될 수 없다.

판례 | 수개의 피고인의 자백만으로 유죄의 판결을 할 수 있는지 여부(소극)

1. 피고인의 자백이 그에게 불리한 유일한 증거인 때에는 그 자백이 공판정에서의 자백이든 피의자로서의 조사관에 대한 진술이든 그 자백의 증거능력이 제한되어 있고 그 어느 것이나 독립하여 유죄의 증거가 될 수 없으므로 위 자백을 아무리 합쳐 보더라도 그것만으로는 유죄의 판결을 할 수 없다[대판(전) 1966.7.26. 66도634].

2. 피고인의 법정에서의 진술과 피고인에 대한 검찰 피의자신문조서의 진술기재들은 피고인의 법정 및 검찰에서의 자백으로서 형사소송법 제310조에서 규정하는 자백의 개념에 포함되어 그 자백만으로는 유죄의 증거로 삼을 수 없다[대판 2008.2.14. 2007도10937].
[23 경간부, 16 변호사]*

판례 | 피고인의 자백에 대한 보강증거가 될 수 없는 경우

1. (피고인의 다른 자백) 피고인의 공판정에서의 자백을 공판정 외의 자백, 즉 수사기관에서의 자백에 의하여 보강하는 것은 허용되지 않는다[대판 1974.1.15. 73도1819].

2. (피고인의 자백을 내용으로 하는 제3자의 진술) 피고인이 범행을 자인하는 것을 들었다는 피고인 아닌 자의 진술내용은 형사소송법 제310조의 피고인의 자백에는 포함되지 아니하나 이는 피고인의 자백의 보강증거로 될 수 없다[대판 1981.7.7. 81도1314].
[23 변호사, 22 경간부, 20 경찰승진, 20 국가7급, 19 경찰승진, 19 국가7급, 18 경찰승진, 18 경찰채용, 18 국가9급, 17 변호사, 17 법원9급, 16 국가7급, 16 경찰채용]*
기출지문 "乙에게 200만원을 뇌물로 주었다."라는 甲의 진술이 유일한 증거인 경우, "甲으로부터 그런 얘기를 들었다."라는 A의 법정증언을 보강증거로 하여 甲의 뇌물공여를 유죄로 인정할 수 있다. (×)

판례 | 피고인이 업무수행상 자금을 지출하면서 기계적으로 기입한 수첩의 내용이 증뢰사실에 대한 피고인의 자백에 대한 보강증거 자격유무(= 보강증거로 사용 가능)

피고인이 뇌물공여 혐의를 받기 전에 이와는 관계없이 준설공사에 필요한 각종 인·허가 등의 업무를 위임받아 이를 추진하는 과정에서 그 업무수행에 필요한 자금을 지출하면서, 스스로 그 지출한 자금내역을 자료로 남겨두기 위하여 뇌물자금과 기타 자금을 구별하지 아니하고 그 지출 일시, 금액, 상대방 등 내역을 그때그때 계속적, 기계적으로 기입한 수첩의 기재 내용은 피고인이 자신의 범죄사실을 시인하는 자백이라고 볼 수 없으므로 증거능력이 있는 한 피고인의 금전출납을 증명할 수 있는 별개의 증거라고 할 것인즉 피고인의 검찰에서의 자백에 대한 보강증거가 될 수 있다[대판(전) 1996.10.17. 94도2865]. [19 변호사, 18 경간부, 18 경찰채용, 17 경찰승진, 16 국가9급, 16 경찰승진]*

판례 | 독립된 증거로서 자백의 보강증거가 될 수 있는 경우(압수조서 중 피고인이 범행을 저지르는 현장을 직접 목격한 사경의 진술이 담긴 '압수경위'란에 기재된 내용)

체포 당시 임의제출 방식으로 압수된 피고인 소유 휴대전화기에 대한 압수조서 중 '압수경위'란에 기재된 내용 – '경찰관이 지하철범죄 예방·검거를 위한 비노출 잠복근무 중 20대가량 남성이 짧은 치마를 입고 에스컬레이터를 올라가는 여성에게 밀착하여 치마 속으로 휴대폰을 집어넣는 등 해당 여성의 신체를 몰래 촬영하는 행동을 하였다'는 내용이 포함되어 있고 그 하단에 피고인의 범행을 직접 목격하면서 위 압수조서를 작성한 사법경찰관 및 사법경찰리의 각 기명날인이 들어가 있음 – 은 피고인이 범행을 저지르는 현장을 직접 목격한 사람의 진술이 담긴 것으로서 형사소송법 제312조 제5항에서 정한 '피고인이 아닌 자가 수사과정에서 작성한 진술서'에 준하는 것으로 볼 수 있고, 이에 따라 휴대전화기에 대한 임의제출절차가 적법하였는지에 영향을 받지 않는 별개의 독립적인 증거에 해당, 피고인이 증거로 함에 동의한 이상 유죄를 인정하기 위한 증거로 사용할 수 있을 뿐 아니라 피고인의 자백을 보강하는 증거가 된다고 볼 여지가 많다[대판 2019.11.14. 2019도13290].

동지판례 [사실관계] 경찰은 2018.5.25. 19:00경 이 사건 공소사실 중 원심 판시 별지 범죄일람표 순번 제26번 기재「성폭력범죄의 처벌 등에 관한 특례법」(이하 '성폭력처벌법'이라 한다) 위반(카메라등이용촬영) 범행 현장에서 피고인으로부터 이 사건 휴대전화를 임의제출받아 영장 없이 압수하였다. 이 사건 휴대전화에 대한 압수조서의 '압수경위'란에는 위 제26번 기재 공소사실과 관련하여, "피의자가 범행 후 경찰관이 피의자에게 범행 사실을 추궁하니 '몰카를 찍어 죄송합니다. 한 번만 봐주시면 안 되나요'라고 말하면서 위 휴대전화를 현장에서 임의제출하였다"는 내용이 포함되어 있다. 경찰은 같은 날 용산역에 있는 철도경찰 사무실까지 피고인을 임의동행하였으나, 피고인은 별다른 조사를 받지 아니하고 귀가하였다. 경찰은 2018.5.29.경 이 사건 휴대전화를 탐색하던 중 이 사건 공소사실 전부에 관한 동영상 파일을 발견하였고, 이를 별도의 시디(CD)에 복제하여 사진으로 출력한 후 위 시디 및 출력한 사진을 이 사건 수사기록에 편철하였다. 이후 피고인은 같은 날 15:00경 서울지방철도 특별사법경찰대 광역철도수사과 사무실에 출석하여 경찰조사를 받는데, 경찰은 피의자신문을 실시하면서 피고인에게 위 CD로 복제된 동영상 파일을 재생하여 보여 주었고, 피고인은 이 사건 공소사실을 모두 자백하였다. 이 사건 휴대전화 내 전자정보 탐색·복제·출력과 관련하여 경찰이 사전에 그 일시·장소를 통지하거나 피고인에게 참여의 기회를 보장하였는지, 압수한 전자정보목록을 교부하거나 또는 피고인이 그 과정에 참여하지 않을 의사였는지 등을 확인할 수 있는 자료가 존재하지 않는다. 한편, 피고인은 제1심 법정에서 이 사건 공소사실에 대해 모두 자백하고 검사가 제출한 모든 서류에 대하여 증거로 함에 동의하였으며, 이는 원심에서도 그대로 유지되었다. 위와 같은 사실관계를 앞서 본 법리에 비추어 살펴본다. 이 사건 휴대전화에 대한 임의제출서, 압수조서, 압수목록, 압수품 사진, 압수물 소유권 포기여부 확인서는 경찰이 피고인의 이 부분 범행 직후 범행 현장에서 피고인으로부터 위 휴대전화를 임의제출 받아 압수하였다는 내용으로서 이 사건 휴대전화에 저장된 전자정보의 증거능력 여부에 영향을 받지 않는 별개의 독립적인 증거에 해당하므로, 피고인이 증거로 함에 동의한 이상 유죄를 인정하기 위한 증거로 사용할 수 있고, 이 부분 공소사실에 대한 피고인의 자백을 보강하는 증거가 된다고 볼 여지가 많다. 그럼에도 원심은 그 판시와 같은 이유로 이 부분 공소사실에 대해서도 피고인의 자백을 뒷받침할 보강증거가 없다고 보아 무죄로 판단하였으니, 이러한 원심의 판단에는 자백의 보강증거 등에 관한 법리를 오해하거나 필요한 심리를 다하지 아니하여 판결에 영향을 미친 잘못이 있다[대판 2022.11.17. 2019도11967].

(3) 정황증거(간접증거)

⚖ 판례 | 정황증거(간접증거)가 보강증거로 인정된 경우

1. 자백에 대한 보강증거는 직접증거가 아닌 간접증거나 정황증거도 보강증거가 될 수 있다[대판 2006.1.27. 2005도8704].

2. 뇌물공여의 상대방인 공무원이 뇌물을 수수한 사실을 부인하면서도 그 일시경에 뇌물공여자를 만났던 사실 및 공무에 관한 청탁을 받기도 한 사실자체는 시인하였다면, 이는 뇌물을 공여하였다는 뇌물공여자의 자백에 대한 보강증거가 될 수 있다[대판 1995.6.30. 94도993]. [20 경찰승진, 16 경찰채용]*

3. 뇌물수수자가 무자격자인 뇌물공여자로 하여금 건축공사를 하도급 받도록 알선하고 그 하도급계약을 승인받을 수 있도록 하였으며 공사와 관련된 각종의 편의를 제공한 사실을 인정할 수 있는 증거들이 뇌물공여자의 자백에 대한 보강증거가 될 수 있다[대판 1998.12.22. 98도2890]. [17 경찰채용]*

4. 자동차등록증에 차량의 소유자가 피고인으로 등록·기재된 것이 피고인이 그 차량을 운전하였다는 사실의 자백 부분에 대한 보강증거가 될 수 있고 결과적으로 피고인의 무면허운전이라는 전체 범죄사실의 보강증거로 충분하다[대판 2000.9.26. 2000도2365]. [19 국가7급, 19 법원9급, 16 경찰채용]*

5. "부동산을 매수하면서 부족한 매수자금을 마련하기 위해 횡령 범행을 저질렀다."는 자백에 대하여 '부동산등기부등본, 수사보고(압수·수색·검증영장 집행 결과 보고), 횡령 및 반환 일시 거래내역, 수사보고(계좌 영장집행 결과 보고), 계좌거래내역, 사실확인서'는 피고인의 자백이 진실함을 뒷받침하기에 충분하다[대판 2017.12.28. 2017도17628].

6. 국가보안법상 회합죄를 피고인이 자백하는 경우 회합 당시 상대방으로부터 받았다는 명함의 현존은 보강증거로 될 수 있다[대판 1990.6.22. 90도741]. [18 변호사]*

7. 피고인이 위조신분증을 제시·행사한 사실을 자백하고 있고, 위 제시·행사한 신분증이 현존한다면 그 자백이 임의성이 없는 것이 아닌 한 위 신분증은 피고인의 위 자백사실의 진실성을 인정할 간접증거가 된다고 보아야 한다[대판 1983.2.22. 82도3107]. [20 경찰채용, 18 국가9급]*

8. 2010.2.18. 01:35경 자동차를 타고 온 피고인으로부터 필로폰을 건네받은 후 피고인이 위 차량을 운전해 갔다고 한 갑의 진술과 2010.2.20. 피고인으로부터 채취한 소변에서 나온 필로폰 양성 반응은, 피고인이 2010.2.18. 02:00경의 필로폰 투약으로 정상적으로 운전하지 못할 우려가 있는 상태에 있었다는 공소사실 부분에 대한 자백을 보강하는 증거가 되기에 충분하다[대판 2010.12.23. 2010도11272]. [19 법원9급, 18 변호사, 17 경찰채용]*

9. 피고인이 검문 당시 버린 주사기에서 메스암페타민염이 검출된 사실 등을 인정할 수 있는 정황증거들이 메스암페타민 투약사실에 대한 피고인의 검찰에서의 자백에 대한 보강증거로서 충분하다[대판 1999.3.23. 99도338].

10. "乙로부터 러미라 약 1,000정을 건네받아 그중 일부는 丙에게 제공하고, 남은 것은 내가 투약하였다."라는 피고인 甲의 자백에 대하여 '甲의 최초 러미라 투약행위가 있었던 시점에 乙이 甲에게 50만원 상당의 채무변제에 갈음하여 러미라 약 1,000정이 들어있는 플라스틱 통 1개를 건네주었다', '丙은 乙에게 甲으로부터 러미라를 건네받았다는 취지의 카카오톡 메시지를 보냈다'는 내용의 乙에 대한 검찰 진술조서 및 수사보고는 자백의 진실성을 담보하기에 충분하다[대판 2018.3.15. 2017도20247].

(4) 공범자의 자백(공범자의 자백으로 당해 피고인의 자백을 보강할 수 있는지 여부)

> ⚖️ **판례 | 공동피고인 자백의 증거능력과 보강증거 자격**
>
> 1. 공범인 공동피고인의 진술은 다른 공동피고인에 대한 범죄사실을 인정하는 증거로 할 수 있는 것일 뿐만 아니라 공범인 <u>공동피고인들의 각 진술은 상호간에 서로 보강증거가 될 수 있다</u>[대판 1997.1.21. 96도2715]. [20 경찰승진, 19 경찰채용, 18 경찰승진, 18 경찰채용, 18 국가7급, 17 경찰승진, 17 국가9급, 16 국가9급, 16 경찰승진, 16 경찰채용]*
>
> 2. 공동피고인 중의 한 사람이 자백하였고 피고인 역시 자백했다면 다른 공동피고인 중의 한 사람이 부인한다 하여도 <u>공동 피고인 중의 한 사람의 자백은 피고인의 자백에 대한 보강증거가 된다</u>[대판 1968.3.19. 68도43]. [17 변호사]*
>   **기출지문** [1] 피고인이 자백한 상황에서 나머지 2명의 공동피고인 중 한 사람이 자백하였으나 다른 한 사람이 부인하는 경우에는 유죄판결을 할 수 없고, 공동피고인 전원이 자백한 경우에 한하여 유죄판결이 가능하다. (×)
>   [2] 甲, 乙, 丙이 공모하여 타인의 재물을 편취한 범죄사실로 기소된 사건에서, 피고인 甲과 공동피고인 乙이 범죄사실을 자백하고 공동피고인 丙은 범죄사실을 부인하는 경우, 乙의 자백을 甲의 자백에 대한 보강증거로 사용할 수 없다. (×)

4. 보강증거의 범위(보강증거가 보강해야 할 정도)

(1) 학설
범죄사실의 전부 또는 중요 부분을 인정할 수 있을 정도여야 한다는 견해(죄체설)와 자백에 대한 보강증거는 자백의 진실성을 담보하는 정도면 족하다는 견해가 있다(진실성담보설, 판례).

(2) 검토
자백의 진실성이 담보되면 오판위험도 없어지므로 자백의 보강법칙의 취지가 실현되므로 진실성담보설이 타당하다.

> ⚖️ **판례 | 자백에 대한 보강증거의 정도(자백이 진실한 것임을 인정할 수 있을 정도면 족함)**
>
> 1. <u>자백에 대한 보강증거는 범죄사실의 전부 또는 중요 부분을 인정할 수 있는 정도가 되지 아니하더라도 피고인의 자백이 가공적인 것이 아닌 진실한 것임을 인정할 수 있는 정도만 되면 족할 뿐만 아니라, 자백과 보강증거가 서로 어울러서 전체로서 범죄사실을 인정할 수 있으면 유죄의 증거로 충분하다</u>[대판 2011.9.29. 2011도8015]. [22 경간부, 20 경간부, 20 경찰채용, 19 변호사, 19 경찰승진, 19 경찰채용, 18 경찰승진, 17 국가7급, 17 경찰승진, 16 국가7급, 16 국가9급, 16 경찰승진]*
>
> 2. <u>자백과 보강증거 사이에 어느 정도의 차이가 있어도 중요부분이 일치하고 그로써 진실성이 담보되면 보강증거로서의 자격이 있다고 보아야 할 것이다</u>[대판 2008.5.29. 2008도2343]. [19 법원9급, 17 경찰승진, 17 경찰채용]*
>
> 3. 피고인이 갑과 합동하여 을의 재물을 절취하려다가 미수에 그쳤다는 내용의 공소사실을 자백한 사안에서, 피해자가 집에서 잠을 자고 있던 중 집 앞에 있는 컨테이너 박스 쪽에서 쿵쿵하는 소리가 들려 그곳에 가서 노루발못뽑이로 컨테이너 박스 출입문의 시정장치를 부수는 피고인을 현행범으로 체포하였다고 수사기관에서 행한 진술과 범행에 사용된 노루발 못뽑이와 손괴된 쇠창살의 모습이 촬영되어 있는 현장사진이 첨부된 수사보고서는 피고인 자백의 진실성을 담보하기에 충분한 보강증거가 된다고 한 사례[대판 2011.9.29. 2011도8015]. [20 경간부, 19 경찰승진, 17 경찰채용, 16 변호사, 16 국가7급]*

5. 보강증거의 요부(보강증거가 필요한 대상)

(1) 범죄의 성립요소

자백한 범죄의 객관적 구성요건요소인 사실에 대하여는 보강증거가 필요하다. 그러나 주관적 요소에 대하여는 보강증거는 얻기 어려울 뿐만 아니라 보강증거가 없어도 오판의 위험이 없으므로 보강증거가 필요하지 아니하다.

(2) 처벌조건이나 전과사실

처벌조건이나 전과 등의 사실은 범죄사실이 아니므로 보강증거 없이도 피고인의 자백만으로 이를 인정할 수 있다.

⚖️ 판례 | 범의나 전과 등을 피고인의 자백만으로 인정할 수 있는지의 여부(적극)

1. 범의는 자백만으로 인정할 수 있다[대판 1961.8.16. 61도171]. [17 법원9급]*

2. 상습범에 있어 확정판결은 엄격한 의미의 범죄사실과는 구별되는 것이어서 피고인의 자백만으로서도 그 존부를 인정할 수 있다[대판 1983.8.23. 83도820].

3. 누범에 있어 전과에 관한 사실은 엄격한 의미에서의 범죄사실과는 구별되는 것으로서 피고인의 자백만으로서도 이를 인정할 수 있다[대판 1979.8.21. 79도1528]. [20 경찰승진, 19 법원행시, 18 변호사]*

---

(3) 죄수와 보강증거의 요부

① 포괄일죄와 실체적 경합범

⚖️ 판례 | 실체적 경합범과 포괄일죄에 있어서의 보강증거

1. [1] 필로폰 시가보고는 몰수 및 추징 구형시 참고자료로 삼기 위해 필로폰의 도·소매가격을 파악한 것에 불과하여 피고인의 자백에 대한 보강증거로 삼을 수 없다.
   [2] 실체적 경합범은 실질적으로 수죄이므로 각 범죄사실에 관하여 자백에 대한 보강증거가 있어야 한다. [20 국가7급, 18 변호사, 16 경찰승진]* 제1심이 유죄의 증거로 삼지 않은 증거 중 '피고인이 공소외 2로부터 필로폰을 매수하면서 그 대금을 공소외 2가 지정하는 은행계좌로 송금한 사실'에 대한 압수수색검증영장 집행보고는 필로폰 매수행위에 대한 보강증거는 될 수 있어도 그와 실체적 경합범 관계에 있는 필로폰 투약행위에 대한 보강증거는 될 수 없다[대판 2008.2.14. 2007도10937]. [20 경간부, 19 경찰승진, 19 법원9급, 16 국가9급]*

2. 소변검사 결과는 1995.1.17.자 투약행위로 인한 것일 뿐 그 이전의 4회에 걸친 투약행위와는 무관하고, 압수된 약물도 이전의 투약행위에 사용되고 남은 것이 아니므로, 위 소변검사 결과와 압수된 약물은 결국 피고인이 투약습성이 있다는 점에 관한 정황증거에 불과하다 할 것인바, 피고인의 습벽을 범죄구성요건으로 하며 포괄1죄인 상습범에 있어서도 이를 구성하는 각 행위에 관하여 개별적으로 보강증거를 요구하고 있는 점에 비추어 보면 투약습성에 관한 정황증거만으로 향정신성의약품관리법위반죄의 객관적 구성요건인 각 투약행위가 있었다는 점에 관한 보강증거로 삼을 수는 없다고 본 사례 [대판 1996.2.13. 95도1794]. [20 경간부]*

---

② 상상적 경합범

상상적 경합범의 경우 각 범죄사실별로 보강증거를 요한다는 견해와 어느 하나에만 보강증거가 있으면 족하다는 견해가 대립한다.

6. 자백의 보강법칙위반의 효과

자백을 유일한 증거로 하여 유죄판결을 선고한 경우 이는 헌법위반이자 법률위반으로 상소의 이유가 되고 그 판결이 확정된 경우에는 판결의 법령위반으로 비상상고의 이유가 된다. 그러나 이는 무죄를 인정할 증거가 새로 발견된 경우가 아니므로 재심의 사유는 되지 아니한다.

제4절 공판조서의 증명력

1. 의의

(1) 공판조서의 배타적 증명력

공판기일의 소송절차로서 공판조서에 기재된 것은 그 조서만으로써 증명한다(제56조). 여기에서 '조서만으로써
증명한다'라는 의미는 공판조서 이외의 증거를 참작하거나 반증을 허용하지 않는다는 의미이다. 이를 공판조서
의 절대적 또는 배타적 증명력이라고 한다. 이는 법관의 심증여하를 불문하고 공판기일의 소송절차는 공판조서
에 기재된 대로 인정해야 하기 때문에 자유심증주의의 예외에 해당한다.

(2) 인정 취지

상소심에서 공판절차 진행의 적법여부를 둘러싼 분쟁 때문에 상소심의 심리가 지연되는 것을 방지하는 데 그
목적이 있다.

2. 공판조서의 배타적 증명력의 전제요건

공판조서의 배타적 증명력은 그 공판조서가 유효할 것을 전제로 한다. 따라서 공판조서가 무효인 경우에는 배타적
증명력이 인정되지 않는다.

⚖ **판례 | 공판조서가 무효인 경우(공판조서로서의 증명력이 없음)**

공판조서에 서명날인할 재판장은 당해 공판기일에 열석한 재판장이어야 하므로 당해 공판기일에 열석하지 아니한 판사가 재
판장으로서 서명날인한 공판조서는 적식의 공판조서라고 할 수 없어 이와 같은 공판조서는 소송법상 무효라 할 것이므로 공
판기일에 있어서의 소송절차를 증명할 공판조서로서의 증명력이 없다[대판 1983.2.8. 82도2940].

3. 배타적 증명력의 범위

(1) 공판기일의 절차

공판조서의 증명력은 '공판기일의 절차'에 한하여 인정이 된다. 따라서 공판기일의 절차가 아닌 공판준비절차
또는 공판기일 외의 절차를 기재한 조서는 배타적 증명력이 인정되지 아니한다. 또한 당해 사건이 아닌 다른
사건의 공판조서는 배타적 증명력이 인정되지 아니한다.

(2) 소송절차

공판기일의 절차 중 특히 '소송절차'에 대해서만 배타적 증명력이 인정이 된다. 예컨대 공판을 행한 일시와 법원, 피고인 출석여부, 공개의 여부, 판결선고 유무 및 일자 등이 이에 해당한다. 따라서 소송절차가 아닌 실체관련 사항(피고인의 유무죄를 판단하기 위한 사항) 예컨대 피고인의 자백, 증인의 증언, 감정인의 감정 등은 다른 증거에 의하여 그 증명력을 다툴 수 있다.

(3) 공판조서에 기재된 것

배타적 증명력은 공판조서에 '기재'된 것에 한해서 인정이 된다. 공판조서에 기재되지 아니한 소송절차는 다른 자료에 의하여 증명할 수 있다.

🔨 판례 | 공판조서의 증명력(= 명백한 오기인 경우를 제외하고는 절대적 증명력을 가짐)

1. 공판조서의 기재가 명백한 오기인 경우를 제외하고는 공판기일의 소송절차로서 공판조서에 기재된 것은 조서만으로써 증명하여야 하고, 그 증명력은 공판조서 이외의 자료에 의한 반증이 허용되지 않는 절대적인 것이다[대판 2015.8.27. 2015도3467]. [19 변호사, 18 경찰승진, 18 법원9급, 17 변호사]*

2. 검사 제출의 증거에 관하여 동의 또는 진정성립 여부 등에 관한 피고인의 의견이 증거목록에 기재된 경우에는 그 증거목록의 기재는 공판조서의 일부로서 명백한 오기가 아닌 이상 절대적인 증명력을 가지게 된다[대판 2015.8.27. 2015도3467]. [20 국가7급, 19 변호사, 18 경찰승진, 18 법원9급]*

3. 증거동의는 소송주체인 검사와 피고인이 하는 것이고, 변호인은 피고인을 대리하여 증거동의에 관한 의견을 낼 수 있을 뿐이므로 피고인이 변호인과 함께 출석한 공판기일의 공판조서에 검사가 제출한 증거에 대하여 동의한다는 기재가 되어 있다면 이는 피고인이 증거동의를 한 것으로 보아야 하고, 그 기재는 절대적인 증명력을 가진다[대판 2016.3.10. 2015도19139]. [22 경간부, 20 경간부, 20 국가7급, 19 경찰채용, 17 국가7급, 16 국가7급]*

4. 공판조서에 재판장이 판결서에 의하여 판결을 선고하였음이 기재되어 있다면 동 판결선고 절차는 적법하게 이루어졌음이 증명되었다고 할 것이며 여기에는 다른 자료에 의한 반증을 허용하지 못하는 바이니 검찰서기의 판결서 없이 판결선고되었다는 내용의 보고서로써 공판조서의 기재내용이 허위라고 판정할 수 없다[대판 1983.10.25. 82도571]. [19 법원9급]*

5. 제1심 제26회 공판조서에 제1심법원이 공개금지결정을 선고한 후 위 수사관들에 대하여 비공개 상태에서 증인신문절차를 진행한 것으로 기재된 이상 그 공개금지결정 선고 여부에 대하여 공판조서 이외의 다른 방법에 의한 증명이나 반증은 허용되지 않는다[대판 2013.7.26. 2013도2511].

🔨 판례 | 공판조서의 기재가 명백한 오기인 경우 공판조서의 증명력(= 올바른 내용대로 증명력을 가짐)

공판조서의 기재가 명백한 오기인 경우에는 공판조서는 그 올바른 내용에 따라 증명력을 가진다[대판 1995.12.22. 95도1289]. [19 법원9급]*

🔨 판례 | 공판조서의 기재가 명백한 오기인지 여부의 판단자료

공판조서의 기재가 명백한 오기인지 여부는 원칙적으로는 공판조서만으로 판단하여야 할 것이지만, 공판조서가 아니더라도 당해 공판절차에 제출되어 공판기록에 편철되거나 법원이 직무상 용이하게 확인할 수 있는 자료 중에서 신빙성 있는 객관적 자료에 의하여 판단을 할 수 있다[대판 2010.7.22. 2007도3514].

🔨 판례 | 동일한 사항에 대하여 서로 다른 내용이 기재된 공판조서가 병존하는 경우의 증명력 판단

동일한 사항에 관하여 두개의 서로 다른 내용이 기재된 공판조서가 병존하는 경우 양자는 동일한 증명력을 가지는 것으로서 그 증명력에 우열이 있을 수 없다고 보아야 할 것이므로 그중 어느 쪽이 진실한 것으로 볼 것인지는 공판조서의 증명력을 판단하는 문제로서 법관의 자유로운 심증에 따를 수밖에 없다[대판 1988.11.8. 86도1646].

MEMO

1. 목적

성폭력범죄의 처벌 및 그 절차에 관한 특례를 규정함으로써 성폭력범죄 피해자의 생명과 신체의 안전을 보장하고 건강한 사회질서의 확립에 이바지함을 목적으로 한다(제1조).

2. 성폭력범죄의 처벌 등의 특례

(1) 고소의 특례

성폭력범죄에 대하여는 자기 또는 배우자의 직계존속을 고소할 수 있다(제18조).

(2) 공소시효의 특례

1) 공소시효 규정 배제

다음의 범죄에 대해서는 공소시효에 관한 규정을 적용하지 아니한다(제21조 제3항 · 제4항).

> ① 13세 미만의 사람 또는 신체적 정신적 장애가 있는 사람에 대한
>   ㉠ 형법 제297조(강간), 제298조(강제추행), 제299조(준강간 · 준강제추행), 제301조(강간등상해 · 치상), 제301조의2(강간등살인 · 치사) 또는 제305조(미성년자에대한간음 · 추행)의 죄
>   ㉡ 성폭법 제6조 제2항(장애인유사강간), 제7조 제2항(13세미만자유사강간), 제8조(강간등상해 · 치상), 제9조(강간등살인 · 치사)의 죄
>   ㉢ 아청법 제9조(강간등상해 · 치상), 제10조(강간등살인 · 치사)의 죄
> ② 나이와 정신상태 불문한 모든 사람에 대한
>   ㉠ 형법 제301조의2 ㉡ 성폭법 제9조 제1항 ㉢ 아청법 제10조 제1항 ㉣ 군형법 제92조의8의 규정 중에서 강간등살인죄

2) 공소시효 기산 등에 관한 특례

① 미성년자[114)에 대한 성폭력범죄의 공소시효는 해당 성폭력범죄로 피해를 당한 미성년자가 성년에 달한 날부터 진행한다(제21조 제1항).

② 성폭법 제2조 제3호 및 제4호의 죄와 제3조부터 제9조까지의 죄는 디엔에이(DNA)증거 등 그 죄를 증명할 수 있는 과학적인 증거가 있는 때에는 공소시효가 10년 연장된다(제21조 제2항).

(3) 피의자의 신상 정보 공개

검사와 사법경찰관은 성폭력범죄의 피의자가 죄를 범하였다고 믿을 만한 충분한 증거가 있고, 국민의 알권리 보장, 피의자의 재범 방지 및 범죄예방 등 오로지 공공의 이익을 위하여 필요할 때에는 얼굴, 성명 및 나이 등 피의자의 신상에 관한 정보를 공개할 수 있다. 다만, 피의자가 「청소년 보호법」 제2조 제1호의 청소년에 해당하는 경우에는 공개하지 아니한다(제25조).

---

114) 제21조 제3항 · 제4항과의 관계상 13세 이상이고 신체적 · 정신적 장애가 없는 미성년자를 의미한다.

(4) 영상녹화의 특례[115]

검사 또는 사법경찰관은 19세미만피해자등의 진술 내용과 조사 과정을 영상녹화장치로 녹화(녹음이 포함된 것을 말하며, 이하 "영상녹화"라 한다)하고, 그 영상녹화물을 보존하여야 한다(제30조 제1항). 19세미만피해자등의 진술이 영상녹화된 영상녹화물은 적법한 절차와 방식에 따라 영상녹화된 것으로서 증거보전기일, 공판준비기일 또는 공판기일에 그 내용에 대하여 피의자, 피고인 또는 변호인이 피해자를 신문할 수 있었던 경우(다만, 증거보전기일에서의 신문의 경우 법원이 피의자나 피고인의 방어권이 보장된 상태에서 피해자에 대한 반대신문이 충분히 이루어졌다고 인정하는 경우로 한정한다) 또는 19세미만피해자등이 사망·외국 거주·신체적, 정신적 질병이나 장애·소재불명 그 밖에 이에 준하는 경우의 사유로 공판준비기일 또는 공판기일에 출석하여 진술할 수 없는 경우(다만, 영상녹화된 진술 및 영상녹화가 특별히 신빙(信憑)할 수 있는 상태에서 이루어졌음이 증명된 경우로 한정한다)에 증거로 할 수 있다(제30조의2 제1항).

이 경우 법원은 증거능력이 있는 영상녹화물을 유죄의 증거로 할지를 결정할 때에는 피고인과의 관계, 범행의 내용, 피해자의 나이, 심신의 상태, 피해자가 증언으로 인하여 겪을 수 있는 심리적 외상, 영상녹화물에 수록된 19세미만피해자등의 진술 내용 및 진술 태도 등을 고려하여야 하고 전문심리위원 또는 제33조에 따른 전문가의 의견을 들어야 한다(제30조의2 제2항).

⚖ 판례 | 아동·청소년의 성보호에 관한 법률(이하 '청소년성보호법'이라 한다) 제26조 제1항

피고인이 위력으로써 13세 미만 미성년자인 피해자 甲(女, 12세)에게 유사성행위와 추행을 하였다는 성폭력처벌법 위반의 공소사실에 대하여, 원심이 甲의 진술과 조사 과정을 촬영한 영상물과 속기록을 중요한 증거로 삼아 유죄로 인정하였는데, 피고인은 위 영상물과 속기록을 증거로 함에 동의하지 않았고, 조사 과정에 동석하였던 신뢰관계인에 대한 증인신문이 이루어졌을 뿐 원진술자인 甲에 대한 증인신문은 이루어지지 않은 사안에서, 헌법재판소는 2021.12.23. 성폭력처벌법 제30조 제6항 중 19세 미만 성폭력범죄 피해자의 진술을 촬영한 영상물의 증거능력을 규정한 부분(이하 '위헌 법률 조항'이라 한다)에 대해 과잉금지 원칙 위반 등을 이유로 위헌결정을 하였는데, 위 위헌결정의 효력은 결정 당시 법원에 계속 중이던 사건에도 미치므로 위헌 법률 조항은 위 영상물과 속기록의 증거능력을 인정하는 근거가 될 수 없고, 한편 피고인의 범행은 아동·청소년의 성보호에 관한 법률(이하 '청소년성보호법'이라 한다) 제26조 제1항의 아동·청소년대상 성범죄에 해당하므로 같은 법 제26조 제6항에 따라 영상물의 증거능력이 인정될 여지가 있으나, 청소년성보호법 제26조 제6항 중 위헌 법률 조항과 동일한 내용을 규정한 부분은 위헌결정의 심판대상이 되지 않았지만 위헌 법률 조항에 대한 위헌결정 이유와 마찬가지로 과잉금지 원칙에 위반될 수 있으므로, 청소년성보호법 제26조 제6항의 위헌 여부 또는 그 적용에 따른 위헌적 결과를 피하기 위하여 甲을 증인으로 소환하여 진술을 듣고 피고인에게 반대신문권을 행사할 기회를 부여할 필요가 있는지 여부 등에 관하여 심리·판단하였어야 한다는 이유로, 이와 같은 심리에 이르지 않은 채 위 영상물과 속기록을 유죄의 증거로 삼은 원심판결에 법리오해 또는 심리미진의 잘못이 있다[대판 2022.4.14. 2021도14530, 2021전도143].

---

(5) 공판절차의 특례

1) 심리의 비공개

성폭력범죄에 대한 심리는 그 피해자의 사생활을 보호하기 위하여 결정으로써 공개하지 아니할 수 있다(제31조).

2) 신뢰관계자 동석

법원은 성폭법 제3조부터 제8조까지, 제10조 및 제15조의 범죄의 피해자를 증인으로 신문하는 경우에 검사, 피해자 또는 법정대리인이 신청할 때에는 재판에 지장을 줄 우려가 있는 등 부득이한 경우가 아니면 피해자와 신뢰관계에 있는 사람을 동석하게 하여야 한다. 수사기관이 위와 같은 피해자를 조사하는 경우에도 이와 같다(제34조).

---

115) 헌법재판소는 2021.12.23. 성폭력처벌법 제30조 제6항 중 19세 미만 성폭력범죄 피해자의 진술을 촬영한 영상물의 증거능력을 규정한 부분에 대해 과잉금지 원칙 위반 등을 이유로 위헌결정을 하였다.

3) 중계장치에 의한 신문

법원은 성폭법 제2조 제1항 제3호부터 제5호까지의 범죄의 피해자를 증인으로 신문하는 경우 검사와 피고인 또는 변호인의 의견을 들어 비디오 등 중계장치에 의한 중계를 통하여 신문할 수 있다(제40조).

(6) 처벌의 특례 – 책임능력규정을 적용하지 않을 수 있음

음주 또는 약물로 인한 심신장애 상태에서 성폭력범죄를 범한 때에는 형법 제10조 제1항·제2항 및 제11조(심신장애자와 언어 및 청각장애인에 대한 책임조각 또는 감경)를 적용하지 아니할 수 있다(제20조).

(7) 피해자의 변호사 선임 등과 변호사의 대리권

⚖ 판례 | 성폭력범죄의 피해자의 변호사의 소송행위 대리권

성폭력범죄의 처벌 등에 관한 특례법 제27조는 성폭력범죄 피해자에 대한 변호사 선임의 특례를 정하고 있다. 성폭력범죄의 피해자는 형사절차상 법률적 조력을 받기 위해 스스로 변호사를 선임할 수 있고(제1항), 검사는 피해자에게 변호사가 없는 경우 국선변호사를 선정하여 형사절차에서 피해자의 권익을 보호할 수 있으며(제6항), 피해자의 변호사는 형사절차에서 피해자 등의 대리가 허용될 수 있는 모든 소송행위에 대한 포괄적인 대리권을 가진다(제5항). 따라서 피해자의 변호사는 피해자를 대리하여 피고인에 대한 처벌을 희망하는 의사표시를 철회하거나 처벌을 희망하지 않는 의사표시를 할 수 있다[대판 2019.12.13. 2019도10678].

▶ 일반범죄 vs 성폭력범죄

구분	일반범죄	성폭력범죄
친고죄	친고죄로 인정되는 경우 있음	친고죄 규정 폐지
직계존속 고소	고소할 수 없음	고소 가능
피해자 진술의 영상녹화	피해자의 동의를 얻어 영상녹화할 수 있음	피해자가 19세 미만이거나 심신미약일 때 영상녹화하여야 함. 다만, 피해자가 원하지 않으면 할 수 없음
영상녹화물의 증거사용	증거로 사용할 수 없음(기억환기용으로 사용 가능)	증거보전기일, 공판준비기일 또는 공판기일에 그 내용에 대하여 피의자, 피고인 또는 변호인이 피해자를 신문할 수 있었던 경우 증거로 사용할 수 있음
피의자 신상 정보 공개	규정 없음	공익을 위하여 필요할 때는 공개할 수 있음
공소시효 기산점, 기간	기산점: 범죄행위가 종료한 때	① 기산점: 미성년자에 대한 성폭력범죄의 경우 미성년자가 성년에 달한 때 ② DNA증거 등 발견: 시효 10년 연장
책임능력 규정	적용	적용하지 않을 수 있음

성폭력범죄의 처벌 등에 관한 특례법 (구)	성폭력범죄의 처벌 등에 관한 특례법 (신)
제27조(성폭력범죄 피해자에 대한 변호사 선임의 특례) ⑥ 검사는 피해자에게 변호사가 없는 경우 국선변호사를 선정하여 형사절차에서 피해자의 권익을 보호할 수 있다. 〈단서 신설〉	제27조(성폭력범죄 피해자에 대한 변호사 선임의 특례) ⑥ 검사는 피해자에게 변호사가 없는 경우 국선변호사를 선정하여 형사절차에서 피해자의 권익을 보호할 수 있다. **✦ 다만, 19세미만피해자등에게 변호사가 없는 경우에는 국선변호사를 선정하여야 한다.** ⇨ 할 수(×)
제30조(영상물의 촬영·보존 등) ① 성폭력범죄의 피해자가 19세 미만이거나 신체적인 또는 정신적인 장애로 사물을 변별하거나 의사를 결정할 능력이 미약한 경우에는 피해자의 진술 내용과 조사 과정을 비디오녹화기 등 영상물 녹화장치로 촬영·보존하여야 한다. ② 제1항에 따른 영상물 녹화는 피해자 또는 법정대리인이 이를 원하지 아니하는 의사를 표시한 경우에는 촬영을 하여서는 아니 된다. 다만, 가해자가 친권자 중 일방인 경우는 그러하지 아니하다. ③ 제1항에 따른 영상물 녹화는 조사의 개시부터 종료까지의 전 과정 및 객관적 정황을 녹화하여야 하고, 녹화가 완료된 때에는 지체 없이 그 원본을 피해자 또는 변호사 앞에서 봉인하고 피해자로 하여금 기명날인 또는 서명하게 하여야 한다. ④ 검사 또는 사법경찰관은 피해자가 제1항의 녹화장소에 도착한 시각, 녹화를 시작하고 마친 시각, 그 밖에 녹화과정의 진행경과를 확인하기 위하여 필요한 사항을 조서 또는 별도의 서면에 기록한 후 수사기록에 편철하여야 한다. ⑤ 검사 또는 사법경찰관은 피해자 또는 법정대리인이 신청하는 경우에는 영상물 촬영과정에서 작성한 조서의 사본을 신청인에게 발급하거나 영상물을 재생하여 시청하게 하여야 한다. ⑥ 제1항에 따라 촬영한 영상물에 수록된 피해자의 진술은 공판준비기일 또는 공판기일에 피해자나 조사 과정에 동석하였던 신뢰관계에 있는 사람 또는 진술조력인의 진술에 의하여 그 성립의 진정함이 인정된 경우에 증거로 할 수 있다. ⑦ 누구든지 제1항에 따라 촬영한 영상물을 수사 및 재판의 용도 외에 다른 목적으로 사용하여서는 아니 된다. 〈신설〉 〈신설〉	제30조(19세미만피해자등 진술 내용 등의 영상녹화 및 보존 등) ① **✦ 검사 또는 사법경찰관은 19세미만피해자등의 진술 내용과 조사 과정을 영상녹화장치로 녹화(녹음이 포함된 것을 말하며, 이하 "영상녹화"라 한다)하고, 그 영상녹화물을 보존하여야 한다.** ⇨ 할 수(×) ② 검사 또는 사법경찰관은 <u>19세미만피해자등을 조사하기 전에</u> 다음 각 호의 사실을 피해자의 나이, 인지적 발달 단계, 심리 상태, 장애 정도 등을 고려한 적절한 방식으로 피해자에게 **설명하여야** 한다. ⇨ 할 수(×) 1. 조사 과정이 영상녹화된다는 사실 2. 영상녹화된 영상녹화물이 증거로 사용될 수 있다는 사실 ③ 제1항에도 불구하고 19세미만피해자등 또는 그 법정대리인(법정대리인이 가해자이거나 가해의 배우자인 경우는 제외한다)이 이를 **원하지 아니하는 의사를 표시하는 경우에는 영상녹화를 하여서는 아니 된다.** ⇨ 영상녹화를 하지 않을 수 있다. (×) ④ 검사 또는 사법경찰관은 제1항에 따른 영상녹화를 마쳤을 때에는 지체 없이 피해자 또는 변호사 앞에서 봉인하고 <u>피해자로 하여금 기명날인 또는 서명하게 하여야 한다.</u> ⑤ <u>검사 또는 사법경찰관은 제1항에 따른 영상녹화 과정의 진행 경과를 조서(별도의 서면을 포함한다. 이하 같다)에 기록한 후 수사기록에 편철하여야 한다.</u> ⑥ 제5항에 따라 영상녹화 과정의 진행 경과를 기록할 때에는 다음 각 호의 사항을 구체적으로 적어야 한다. 1. 피해자가 영상녹화 장소에 도착한 시각 2. 영상녹화를 시작하고 마친 시각 3. 그 밖에 영상녹화 과정의 진행경과를 확인하기 위하여 필요한 사항 ⑦ 검사 또는 사법경찰관은 <u>19세미만피해자등이나 그 법정대리인이 신청하는 경우에는 영상녹화 과정에서 작성한 조서의 사본 또는 영상녹화물에 녹음된 내용을 옮겨 적은 녹취서의 사본을 신청인에게 발급하거나 영상녹화물을 재생하여 시청하게 하여야 한다.</u> ⑧ 누구든지 제1항에 따라 영상녹화한 영상녹화물을 수사 및 재판의 용도 외에 다른 목적으로 사용하여서는 아니 된다. ⑨ 제1항에 따른 영상녹화의 방법에 관하여는 「형사소송법」 제244조의2제1항 후단을 준용한다.

〈신설〉

☆☆☆
제30조의2(영상녹화물의 증거능력 특례) ① 제30조제1항에 따라 <u>19세미만피해자등의 진술이 영상녹화된 영상녹화물</u>은 같은 조 제4항부터 제6항까지에서 정한 절차와 방식에 따라 영상녹화된 것으로서 다음 각 호의 어느 하나의 경우에 증거로 할 수 있다.

1. <u>증거보전기일, 공판준비기일 또는 공판기일에 그 내용에 대하여 피의자, 피고인 또는 변호인이 피해자를 신문할 수 있었던 경우</u>. 다만, <u>증거보전기일에서의 신문의 경우</u> 법원이 피의자나 피고인의 방어권이 보장된 상태에서 피해자에 대한 반대신문이 **충분히** 이루어졌다고 인정하는 경우로 한정한다.

2. <u>19세미만피해자등이 다음 각 목의 어느 하나에 해당하는 사유로 공판준비기일 또는 공판기일에 출석하여 진술할 수 없는 경우</u>. 다만, 영상녹화된 진술 및 영상녹화가 **특별히 신빙(信憑)**할 수 있는 상태에서 이루어졌음이 증명된 경우로 한정한다. ⇨ **증거보전기일(×)**
   가. <u>사망</u>
   나. <u>외국 거주</u>
   다. <u>신체적, 정신적 질병 · 장애</u>
   라. <u>소재불명</u>
   마. <u>그 밖에 이에 준하는 경우</u>

② 법원은 제1항제2호에 따라 증거능력이 있는 **영상녹화물을 유죄의 증거로 할지를 결정할 때**에는 피고인과의 관계, 범행의 내용, 피해자의 나이, 심신의 상태, 피해자가 증언으로 인하여 겪을 수 있는 심리적 외상, 영상녹화물에 수록된 19세미만피해자등의 진술 내용 및 진술 태도 등을 고려하여야 한다. **이 경우 법원은 전문심리위원 또는 제33조에 따른 전문가의 의견을 들어야 한다.**

〈신설〉

제40조의2(19세미만피해자등에 대한 증인신문을 위한 공판준비절차) ① <u>법원은 19세미만피해자등을 증인으로 신문하려는 경우</u>에는 19세미만피해자등의 보호와 원활한 심리를 위하여 필요한 경우 검사, 피고인 또는 변호인의 의견을 들어 사건을 공판준비절차에 부칠 수 있다.

② 법원은 제1항에 따라 공판준비절차에 부치는 경우 증인신문을 위한 심리계획을 수립하기 위하여 공판준비기일을 지정하여야 한다.

③ 법원은 제2항에 따라 지정한 공판준비기일에 증인신문을 중개하거나 보조할 진술조력인을 출석하게 할 수 있다.

④ 19세미만피해자등의 변호사는 제2항에 따라 지정된 공판준비기일에 출석할 수 있다.

⑤ 법원은 제1항에 따른 공판준비절차에서 검사, 피고인 또는 변호인에게 신문할 사항을 기재한 서면을 법원에 미리 제출하게 할 수 있다. **다만, 제출한 신문사항은 증인신문을 하기 전까지는 열람 · 복사 등을 통하여 상대방에게 공개하지 아니한다.**

⑥ 법원은 제2항에 따라 지정된 공판준비기일에서 검사, 피고인, 변호인, 19세미만피해자등의 변호사 및 진술조력인에게 신문사항과 신문방법 등에 관한 의견을 구할 수 있다.

〈신설〉

제40조의3(19세미만피해자등의 증인신문 장소 등에 대한 특례) ① 법원은 19세미만피해자등을 증인으로 신문하는 경우 사전에 피해자에게 「형사소송법」 제165조의2제1항에 따라 비디오 등 중계장치에 의한 중계시설을 통하여 신문할 수 있음을 고지하여야 한다.
② 19세미만피해자등은 제1항의 중계시설을 통하여 증인신문을 진행할지 여부 및 증인으로 출석할 장소에 관하여 법원에 의견을 진술할 수 있다.
③ 제1항에 따른 중계시설을 통하여 19세미만피해자등을 증인으로 신문하는 경우 그 중계시설은 특별한 사정이 없으면 제30조제1항에 따른 영상녹화가 이루어진 장소로 한다. 다만, 피해자가 다른 장소를 원하는 의사를 표시하거나, 제30조제1항에 따른 영상녹화가 이루어진 장소가 경찰서 등 수사기관의 시설인 경우에는 법원이 중계시설을 지정할 수 있다.

제41조(증거보전의 특례) ① 피해자나 그 법정대리인 또는 경찰은 피해자가 공판기일에 출석하여 증언하는 것에 현저히 곤란한 사정이 있을 때에는 그 사유를 소명하여 제30조에 따라 촬영된 영상물 또는 그 밖의 다른 증거에 대하여 해당 성폭력범죄를 수사하는 검사에게 「형사소송법」 제184조(증거보전의 청구와 그 절차)제1항에 따른 증거보전의 청구를 할 것을 요청할 수 있다. 이 경우 피해자가 16세 미만이거나 신체적인 또는 정신적인 장애로 사물을 변별하거나 의사를 결정할 능력이 미약한 경우에는 공판기일에 출석하여 증언하는 것에 현저히 곤란한 사정이 있는 것으로 본다.
② 제1항의 요청을 받은 검사는 그 요청이 타당하다고 인정할 때에는 증거보전의 청구를 할 수 있다. 〈단서 신설〉

제41조(증거보전의 특례) ① 피해자나 그 법정대리인 또는 사법경찰관은 피해자가 공판기일에 출석하여 증언하는 것에 현저히 곤란한 사정이 있을 때에는 그 사유를 소명하여 제30조에 따라 영상녹화된 영상녹화물 또는 그 밖의 다른 증거에 대하여 해당 성폭력범죄를 수사하는 검사에게 「형사소송법」 제184조(증거보전의 청구와 그 절차)제1항에 따른 증거보전의 청구를 할 것을 요청할 수 있다. 이 경우 피해자가 19세미만피해자등인 경우에는 공판기일에 출석하여 증언하는 것에 현저히 곤란한 사정이 있는 것으로 본다.

② 제1항의 요청을 받은 검사는 그 요청이 타당하다고 인정할 때에는 증거보전의 청구를 할 수 있다. 다만, 19세미만피해자등이나 그 법정대리인이 제1항의 요청을 하는 경우에는 특별한 사정이 없는 한 「형사소송법」 제184조제1항에 따라 관할 지방법원판사에게 증거보전을 청구하여야 한다.

검사와 사법경찰관의 상호협력과 일반적 수사준칙에 관한 규정 주요 개정 내용

1. 개정이유

2021년 「형사소송법」 개정 이후 고소장 또는 고발장의 접수거부 또는 수사의 지연·부실 등으로 범죄피해를 입은 국민이 신속하고 적절한 구제를 받지 못하는 등의 부작용이 발생하고 있어, 앞으로는 수사기관이 고소 또는 고발을 받은 경우 수리하도록 명시하고 신속한 수사를 위하여 각종 수사기한을 정비하는 한편, 검사와 사법경찰관 사이의 상호 협력을 강화하는 등 현행 제도의 운영상 나타난 일부 미비점을 개선·보완하려는 것이다.

2. 주요내용

가. 검사와 사법경찰관의 협력 활성화(제7조 및 제8조)

「공직선거법」에 따른 단기 공소시효가 적용되는 사건 등의 경우 공소시효 만료일 3개월 전까지 상호 의견을 제시·교환하도록 의무화하는 등 검사와 사법경찰관의 상호 협력을 활성화함.

나. 수사기관의 고소·고발 수리 의무 및 수사 기한 명시(제16조의2 신설)

고소장이나 고발장 접수를 부당하게 거부하는 일부 잘못된 관행을 개선하기 위하여 고소 또는 고발을 받은 경우 이를 수리하도록 하고, 그 수리한 날부터 3개월 이내에 수사를 마치도록 함.

다. 사건 이송 및 보완수사·재수사의 기한 명시(제18조 제4항, 제60조 제3항 및 제63조 제4항 신설)

1) 검사는 검찰청 외의 수사기관에서 수사하는 것이 적절하다고 판단되는 사건을 이송하는 경우 사건을 수리한 날부터 1개월 이내에 이송하도록 함.

2) 사법경찰관은 보완수사요구나 재수사의 요청이 접수된 날부터 3개월 이내에 보완수사나 재수사를 마치도록 함.

라. 영장 사본의 교부절차 마련(제32조의2 및 제37조 후단 신설, 제38조)

영장에 따라 피의자를 체포·구속하거나 압수·수색 또는 검증을 하는 경우 영장 사본의 교부절차를 구체적으로 정하는 한편, 영장을 제시하거나 사본을 교부하는 경우 피해자 등의 개인정보가 불필요하게 노출되지 않도록 함.

마. 검사와 사법경찰관의 보완수사 분담 기준 정비(제59조 제1항, 제59조 제2항 신설)

종전에는 검사가 사법경찰관으로부터 송치받은 사건에 대하여 특별히 직접 보완수사를 할 필요가 있는 경우를 제외하고는 사법경찰관에게 보완수사를 요구하는 것을 원칙으로 하였으나, 앞으로는 구체적 사건의 성격에 따라 검사와 사법경찰관이 보완수사를 분담하도록 하여 수사업무의 편중을 개선하고 신속한 수사가 이루어질 수 있도록 함.

바. 재수사 사건의 처리절차 개선(제64조 제2항, 제64조 제3항 및 제4항 신설)

1) 검사가 범죄의 혐의 유무를 명확히 하기 위하여 사법경찰관에게 재수사를 요청한 사항에 관하여 그 이행이 이루어지지 않은 경우 검사가 사건송치를 요구할 수 있도록 함.

2) 검사가 송치요구 여부를 판단하기 위하여 필요한 경우에는 사법경찰관에게 관계 서류와 증거물의 송부를 요청할 수 있도록 하고, 요청을 받은 사법경찰관은 이에 협력하도록 함.

검사와 사법경찰관의 상호협력과 일반적 수사준칙에 관한 규정 [대통령령 제31089호, 2020.10.7., 제정]	검사와 사법경찰관의 상호협력과 일반적 수사준칙에 관한 규정 [대통령령 제33808호, 2023.10.17., 일부개정]
제7조(중요사건 협력절차) 검사와 사법경찰관은 공소시효가 임박한 사건이나 내란, 외환, 선거, 테러, 대형참사, 연쇄살인 관련 사건, 주한 미합중국 군대의 구성원·외국인군무원 및 그 가족이나 초청계약자의 범죄 관련 사건 등 많은 피해자가 발생하거나 국가적·사회적 피해가 큰 중요한 사건(이하 "중요사건"이라 한다)의 경우에는 송치 전에 수사할 사항, 증거 수집의 대상, 법령의 적용 등에 관하여 상호 의견을 제시·교환할 것을 요청할 수 있다.	**제7조(중요사건 협력절차)** ① 검사와 사법경찰관은 다음 각 호의 어느 하나에 해당하는 사건(이하 "중요사건"이라 한다)의 경우에는 송치 전에 수사할 사항, 증거 수집의 대상, 법령의 적용, 범죄수익 환수를 위한 조치 등에 관하여 상호 의견을 제시·교환할 것을 요청할 수 있다. 이 경우 검사와 사법경찰관은 특별한 사정이 없으면 상대방의 요청에 응해야 한다. 1. 공소시효가 임박한 사건 2. 내란, 외환, 대공(對共), 선거(정당 및 정치자금 관련 범죄를 포함한다), 노동, 집단행동, 테러, 대형참사 또는 연쇄살인 관련 사건 3. 범죄를 목적으로 하는 단체 또는 집단의 조직·구성·가입·활동 등과 관련된 사건 4. 주한 미합중국 군대의 구성원·외국인군무원 및 그 가족이나 초청계약자의 범죄 관련 사건 5. 그 밖에 많은 피해자가 발생하거나 국가적·사회적 피해가 큰 중요한 사건 ② 제1항에도 불구하고 검사와 사법경찰관은 다음 각 호의 어느 하나에 따른 공소시효가 적용되는 사건에 대해서는 공소시효 만료일 3개월 전까지 제1항 각 호 외의 부분 전단에 규정된 사항 등에 관하여 상호 의견을 제시·교환해야 한다. 다만, 공소시효 만료일 전 3개월 이내에 수사를 개시한 때에는 지체 없이 상호 의견을 제시·교환해야 한다. 1. 「공직선거법」 제268조 2. 「공공단체등 위탁선거에 관한 법률」 제71조 3. 「농업협동조합법」 제172조제4항 4. 「수산업협동조합법」 제178조제5항 5. 「산림조합법」 제132조제4항 6. 「소비자생활협동조합법」 제86조제4항 7. 「염업조합법」 제59조제4항 8. 「엽연초생산협동조합법」 제42조제5항 9. 「중소기업협동조합법」 제137조제3항 10. 「새마을금고법」 제85조제6항 11. 「교육공무원법」 제62조제5항
제8조(검사와 사법경찰관의 협의) ① 검사와 사법경찰관은 수사와 사건의 송치, 송부 등에 관한 이견의 조정이나 협력 등이 필요한 경우 서로 협의를 요청할 수 있다. 다만, 다음 각 호의 어느 하나에 해당하는 경우에는 상대방의 협의 요청에 응해야 한다. ② 제1항제1호, 제2호, 제4호 또는 제6호의 경우 해당 검사와 사법경찰관의 협의에도 불구하고 이견이 해소되지 않는 경우에는 해당 검사가 소속된 검찰청의 장과 해당 사법경찰관이 소속된 경찰관서(지방해양경찰관서를 포함한다. 이하 같다)의 장의 협의에 따른다.	**제8조(검사와 사법경찰관의 협의)** ① 검사와 사법경찰관은 수사와 사건의 송치, 송부 등에 관한 이견의 조정이나 협력 등이 필요한 경우 서로 협의를 요청할 수 있다. 이 경우 특별한 사정이 없으면 상대방의 협의 요청에 응해야 한다. ② 제1항에 따른 협의에도 불구하고 이견이 해소되지 않는 경우로서 다음 각 호의 어느 하나에 해당하는 경우에는 해당 검사가 소속된 검찰청의 장과 해당 사법경찰관이 소속된 경찰관서(지방해양경찰관서를 포함한다. 이하 같다)의 장의 협의에 따른다.

〈신설〉	1. 중요사건에 관하여 상호 의견을 제시·교환하는 것에 대해 이견이 있거나 제시·교환한 의견의 내용에 대해 이견이 있는 경우
〈신설〉	2. 「형사소송법」(이하 "법"이라 한다) 제197조의2제2항 및 제3항에 따른 정당한 이유의 유무에 대해 이견이 있는 경우
〈신설〉	3. 법 제197조의4제2항 단서에 따라 사법경찰관이 계속 수사할 수 있는지 여부나 사법경찰관이 계속 수사할 수 있는 경우 수사를 계속할 주체 또는 사건의 이송 여부 등에 대해 이견이 있는 경우
〈신설〉	4. 법 제245조의8제2항에 따른 재수사의 결과에 대해 이견이 있는 경우
〈신설〉	☆☆☆ **제16조의2(고소·고발 사건의 수리 등)** ① 검사 또는 사법경찰관은 고소 또는 고발을 받은 경우에는 이를 **수리해야 한다**. ② 검사 또는 사법경찰관은 고소 또는 고발에 따라 범죄를 수사하는 경우에는 고소 또는 고발을 수리한 날부터 **3개월** 이내에 수사를 마쳐야 한다.
제18조(검사의 사건 이송 등) ① 검사는 다음 각 호의 어느 하나에 해당하는 때에는 사건을 검찰청 외의 수사기관에 이송해야 한다. ②·③ (생략) 〈신설〉	**제18조(검사의 사건 이송 등)** ① 검사는 「검찰청법」 제4조제1항제1호 각 목에 해당되지 않는 범죄에 대한 고소·고발·진정 등이 접수된 때에는 사건을 검찰청 외의 수사기관에 이송해야 한다. ②·③ (현행과 같음) ④ 검사는 제2항제2호(그 밖에 다른 수사기관에서 수사하는 것이 적절하다고 판단되는 때)에 따른 이송을 하는 경우에는 특별한 사정이 없으면 사건을 수리한 날부터 **1개월** 이내에 이송해야 한다.
제27조(긴급체포) ① 사법경찰관은 법 제200조의3제2항에 따라 긴급체포 후 12시간 내에 검사에게 긴급체포의 승인을 요청해야 한다. 다만, 제51조제1항제4호가목 또는 제52조제1항제3호에 따라 수사중지 결정 또는 기소중지 결정이 된 피의자를 소속 경찰관서가 위치하는 특별시·광역시·특별자치시·도 또는 특별자치도 외의 지역이나 「연안관리법」 제2조제2호나목의 바다에서 긴급체포한 경우에는 긴급체포 후 24시간 이내에 긴급체포의 승인을 요청해야 한다. 〈신설〉 〈신설〉 ②~④ (생략)	**제27조(긴급체포)** ① 사법경찰관은 법 제200조의3제2항에 따라 긴급체포 후 12시간 내에 검사에게 긴급체포의 승인을 요청해야 한다. 다만, 다음 각 호의 어느 하나에 해당하는 경우에는 긴급체포 후 24시간 이내에 긴급체포의 승인을 요청해야 한다. 1. 제51조제1항제4호가목에 따른 피의자중지 또는 제52조제1항제3호에 따른 기소중지 결정이 된 피의자를 소속 경찰관서가 위치하는 특별시·광역시·특별자치시·도 또는 특별자치도 외의 지역에서 긴급체포한 경우 2. 「해양경비법」 제2조제2호에 따른 경비수역에서 긴급체포한 경우 ②~④ (현행과 같음)
〈신설〉	**제32조의2(체포·구속영장 사본의 교부)** ① ☆ 검사 또는 사법경찰관은 영장에 따라 피의자를 체포하거나 구속하는 경우에는 법 제200조의6 또는 제209조에서 준용하는 법 제85조제1항 또는 제4항에 따라 피의자에게 반드시 영장을 제시하고 그 사본을 교부해야 한다.

② 검사 또는 사법경찰관은 제1항에 따라 피의자에게 영장을 제시하거나 영장의 사본을 교부할 때에는 사건관계인의 개인 정보가 피의자의 방어권 보장을 위해 필요한 정도를 넘어 불필요하게 노출되지 않도록 유의해야 한다.

③ ✄ 검사 또는 사법경찰관은 제1항에 따라 피의자에게 영장의 사본을 교부한 경우에는 피의자로부터 영장 사본 교부 확인서를 받아 사건기록에 편철한다.

④ 피의자가 영장의 사본을 수령하기를 거부하거나 영장 사본 교부 확인서에 기명날인 또는 서명하는 것을 거부하는 경우에는 검사 또는 사법경찰관이 영장 사본 교부 확인서 끝부분에 그 사유를 적고 기명날인 또는 서명해야 한다.

제36조(피의자의 석방) ① 검사 또는 사법경찰관은 법 제200조의2제5항 또는 제200조의4제2항에 따라 구속영장을 청구하거나 신청하지 않고 체포 또는 긴급체포한 피의자를 석방하려는 때에는 다음 각 호의 구분에 따른 사항을 적은 피의자 석방서를 작성해야 한다. 1.·2. (생략) ② 사법경찰관은 제1항에 따라 피의자를 석방한 경우 다음 각 호의 구분에 따라 처리한다. 1. (생략) 2. 긴급체포한 피의자를 석방한 때: 법 제200조의4제6항에 따라 즉시 검사에게 석방 사실을 보고하고, 그 보고서 사본을 사건기록에 편철한다.	제36조(피의자의 석방) ① 검사 또는 사법경찰관은 법 제200조의2제5항 또는 제200조의4제2항에 따라 구속영장을 청구하거나 신청하지 않고(사법경찰관이 구속영장의 청구를 신청하였으나 검사가 그 신청을 기각한 경우를 포함한다) 체포 또는 긴급체포한 피의자를 석방하려는 때에는 다음 각 호의 구분에 따른 사항을 적은 피의자 석방서를 작성해야 한다. 1.·2. (현행과 같음) ② 사법경찰관은 제1항에 따라 피의자를 석방한 경우 다음 각 호의 구분에 따라 처리한다. 1. (현행과 같음) 2. 긴급체포한 피의자를 석방한 때: 즉시 검사에게 석방 사실을 보고하고, 그 보고서 사본을 사건기록에 편철한다.
제37조(압수·수색 또는 검증영장의 청구·신청) 검사 또는 사법경찰관은 압수·수색 또는 검증영장을 청구하거나 신청할 때에는 압수·수색 또는 검증의 범위를 범죄 혐의의 소명에 필요한 최소한으로 정해야 하고, 수색 또는 검증할 장소·신체·물건 및 압수할 물건 등을 구체적으로 특정해야 한다. 〈후단 신설〉	제37조(압수·수색 또는 검증영장의 청구·신청) 검사 또는 사법경찰관은 압수·수색 또는 검증영장을 청구하거나 신청할 때에는 압수·수색 또는 검증의 범위를 범죄 혐의의 소명에 필요한 최소한으로 정해야 하고, 수색 또는 검증할 장소·신체·물건 및 압수할 물건 등을 구체적으로 특정해야 한다. 이 경우 수사기밀이나 사건관계인의 개인정보가 압수·수색 또는 검증을 필요로 하는 사유의 소명에 필요한 정도를 넘어 불필요하게 노출되지 않도록 유의해야 한다.
제38조(압수·수색 또는 검증영장의 제시) ① 검사 또는 사법경찰관은 법 제219조에서 준용하는 법 제118조에 따라 영장을 제시할 때에는 피압수자에게 법관이 발부한 영장에 따른 압수·수색 또는 검증이라는 사실과 영장에 기재된 범죄사실 및 수색 또는 검증할 장소·신체·물건, 압수할 물건 등을 명확히 알리고, 피압수자가 해당 영장을 열람할 수 있도록 해야 한다. 〈후단 신설〉 ② 압수·수색 또는 검증의 처분을 받는 자가 여럿인 경우에는 모두에게 개별적으로 영장을 제시해야 한다. 〈후단 신설〉 〈신설〉	제38조(압수·수색 또는 검증영장의 제시·교부) ① 검사 또는 사법경찰관은 법 제219조에서 준용하는 법 제118조에 따라 영장을 제시할 때에는 처분을 받는 자에게 법관이 발부한 영장에 따른 압수·수색 또는 검증이라는 사실과 영장에 기재된 범죄사실 및 수색 또는 검증할 장소·신체·물건, 압수할 물건 등을 명확히 알리고, 처분을 받는 자가 해당 영장을 열람할 수 있도록 해야 한다. ✄ 이 경우 처분을 받는 자가 피의자인 경우에는 해당 영장의 사본을 교부해야 한다. ② ✄ 압수·수색 또는 검증의 처분을 받는 자가 여럿인 경우에는 모두에게 개별적으로 영장을 제시해야 한다. 이 경우 피의자에게는 개별적으로 해당 영장의 사본을 교부해야 한다. ③ 검사 또는 사법경찰관은 제1항 및 제2항에 따라 피의자에게 영장을 제시하거나 영장의 사본을 교부할 때에는 사건관계인의 개인정보가 피의자의 방어권 보장을 위해 필요한 정도를 넘어 불필요하게 노출되지 않도록 유의해야 한다.

〈신설〉 〈신설〉	④ ✂✂ 검사 또는 사법경찰관은 제1항 후단 및 제2항 후단에 따라 피의자에게 영상의 사본을 교부한 경우에는 피의자로부터 영장 사본 교부 확인서를 받아 사건기록에 편철한다. ⑤ 피의자가 영장의 사본을 수령하기를 거부하거나 영장 사본 교부 확인서에 기명날인 또는 서명하는 것을 거부하는 경우에는 검사 또는 사법경찰관이 영장 사본 교부 확인서 끝부분에 그 사유를 적고 기명날인 또는 서명해야 한다.
제51조(사법경찰관의 결정) ① · ② (생략) ③ 사법경찰관은 제1항제3호나목 또는 다목에 해당하는 사건이 다음 각 호의 어느 하나에 해당하는 경우에는 해당 사건을 검사에게 이송한다. 1. (생략) 2. 기소되어 사실심 계속 중인 사건과 포괄일죄를 구성하는 관계에 있는 경우 ④ · ⑤ (생략)	**제51조(사법경찰관의 결정)** ① · ② (현행과 같음) ③ 사법경찰관은 제1항제3호나목 또는 다목(죄가안됨 또는 공소권 없음)에 해당하는 사건이 다음 각 호의 어느 하나에 해당하는 경우에는 해당 사건을 검사에게 이송한다. 1. (현행과 같음) 2. 기소되어 사실심 계속 중인 사건과 포괄일죄를 구성하는 관계에 있거나 「형법」 제40조에 따른 상상적 경합 관계에 있는 경우 ④ · ⑤ (현행과 같음)
제53조(수사 결과의 통지) ① 검사 또는 사법경찰관은 제51조 또는 제52조에 따른 결정을 한 경우에는 그 내용을 고소인 · 고발인 · 피해자 또는 그 법정대리인(피해자가 사망한 경우에는 그 배우자 · 직계친족 · 형제자매를 포함한다. 이하 "고소인등"이라 한다)과 피의자에게 통지해야 한다. 다만, 제51조제1항제4호가목에 따른 피의자중지 결정 또는 제52조제1항제3호에 따른 기소중지 결정을 한 경우에는 고소인등에게만 통지한다. 〈신설〉 〈신설〉 ② · ③ (생략)	**제53조(수사 결과의 통지)** ① 검사 또는 사법경찰관은 제51조 또는 제52조에 따른 결정을 한 경우에는 그 내용을 고소인 · 고발인 · 피해자 또는 그 법정대리인(피해자가 사망한 경우에는 그 배우자 · 직계친족 · 형제자매를 포함한다. 이하 "고소인등"이라 한다)과 피의자에게 통지해야 한다. 다만, 다음 각 호의 어느 하나에 해당하는 경우에는 고소인등에게만 통지한다. 1. 제51조제1항제4호가목에 따른 피의자중지 결정 또는 제52조제1항제3호에 따른 기소중지 결정을 한 경우 2. 제51조제1항제5호 또는 제52조제1항제7호에 따른 이송(법 제256조에 따른 송치는 제외한다) 결정을 한 경우로서 검사 또는 사법경찰관이 해당 피의자에 대해 출석요구 또는 제16조제1항 각 호의 어느 하나에 해당하는 행위를 하지 않은 경우 ② · ③ (현행과 같음)
제59조(보완수사요구의 대상과 범위) ① 검사는 법 제245조의5 제1호에 따라 사법경찰관으로부터 송치받은 사건에 대해 보완수사가 필요하다고 인정하는 경우에는 특별히 직접 보완수사를 할 필요가 있다고 인정되는 경우를 제외하고는 사법경찰관에게 보완수사를 요구하는 것을 원칙으로 한다.	**제59조(보완수사요구의 대상과 범위)** ① ✂✂ 검사는 사법경찰관으로부터 송치받은 사건에 대해 보완수사가 필요하다고 인정하는 경우에는 직접 보완수사를 하거나 법 제197조의2제1항제1호에 따라 사법경찰관에게 보완수사를 요구할 수 있다. 다만, 송치사건의 공소제기 여부 결정에 필요한 경우로서 다음 각 호의 어느 하나에 해당하는 경우에는 특별히 사법경찰관에게 보완수사를 요구할 필요가 있다고 인정되는 경우를 제외하고는 검사가 직접 보완수사를 하는 것을 원칙으로 한다. 1. 사건을 수리한 날(이미 보완수사요구가 있었던 사건의 경우 보완수사 이행 결과를 통보받은 날을 말한다)부터 1개월이 경과한 경우 2. 사건이 송치된 이후 검사가 해당 피의자 및 피의사실에 대해 상당한 정도의 보완수사를 한 경우 3. 법 제197조의3제5항, 제197조의4제1항 또는 제198조의2 제2항에 따라 사법경찰관으로부터 사건을 송치받은 경우

② 검사는 법 제197조의2제1항제1호에 따라 사법경찰관에게 송치사건 및 관련사건(법 제11조에 따른 관련사건 및 법 제208조제2항에 따라 간주되는 동일한 범죄사실에 관한 사건을 말한다. 다만, 법 제11조제1호의 경우에는 수사기록에 명백히 현출(現出)되어 있는 사건으로 한정한다)에 대해 다음 각 호의 사항에 관한 보완수사를 요구할 수 있다.

1. 범인에 관한 사항
2. 증거 또는 범죄사실 증명에 관한 사항
3. 소송조건 또는 처벌조건에 관한 사항
4. 양형 자료에 관한 사항
5. 죄명 및 범죄사실의 구성에 관한 사항
6. 그 밖에 송치받은 사건의 공소제기 여부를 결정하는 데 필요하거나 공소유지와 관련해 필요한 사항

③ 검사는 사법경찰관이 신청한 영장(「통신비밀보호법」 제6조 및 제8조에 따른 통신제한조치허가서 및 같은 법 제13조에 따른 통신사실 확인자료 제공 요청 허가서를 포함한다. 이하 이 항에서 같다)의 청구 여부를 결정하기 위해 필요한 경우 법 제197조의2제1항제2호에 따라 사법경찰관에게 보완수사를 요구할 수 있다. 이 경우 보완수사를 요구할 수 있는 범위는 다음 각 호와 같다.

1. (생략)
2. 증거 또는 범죄사실 소명에 관한 사항
3. (생략)
4. 해당 영장이 필요한 사유에 관한 사항
5. (생략)
6. 법 제11조(법 제11조제1호의 경우는 수사기록에 명백히 현출되어 있는 사건으로 한정한다)와 관련된 사항

〈신설〉

4. 제7조 또는 제8조에 따라 검사와 사법경찰관이 사건 송치 전에 수사할 사항, 증거수집의 대상 및 법령의 적용 등에 대해 협의를 마치고 송치한 경우

② 검사는 법 제197조의2제1항에 따른 보완수사요구 여부를 판단하는 경우 필요한 보완수사의 정도, 수사 진행 기간, 구체적 사건의 성격에 따른 수사 주체의 적합성 및 검사와 사법경찰관의 상호 존중과 협력의 취지 등을 종합적으로 고려한다.

③ 검사는 법 제197조의2제1항제1호에 따라 사법경찰관에게 송치사건 및 관련사건(법 제11조에 따른 관련사건 및 법 제208조제2항에 따라 간주되는 동일한 범죄사실에 관한 사건을 말한다. 다만, 법 제11조제1호의 경우에는 수사기록에 명백히 현출(現出)되어 있는 사건으로 한정한다)에 대해 다음 각 호의 사항에 관한 보완수사를 요구할 수 있다.

1. (현행과 같음)
2. 증거 또는 범죄사실 증명에 관한 사항
3. (현행과 같음)
4. 양형 자료에 관한 사항
5. (현행과 같음)
6. 그 밖에 송치받은 사건의 공소제기 여부를 결정하는 데 필요하거나 공소유지와 관련해 필요한 사항

④ 검사는 사법경찰관이 신청한 영장(「통신비밀보호법」 제6조 및 제8조에 따른 통신제한조치허가서 및 같은 법 제13조에 따른 통신사실 확인자료 제공 요청 허가서를 포함한다. 이하 이 항에서 같다)의 청구 여부를 결정하기 위해 필요한 경우 법 제197조의2제1항제2호에 따라 사법경찰관에게 보완수사를 요구할 수 있다. 이 경우 보완수사를 요구할 수 있는 범위는 다음 각 호와 같다.

1. 범인에 관한 사항
2. 증거 또는 범죄사실 소명에 관한 사항
3. 소송조건 또는 처벌조건에 관한 사항
4. 해당 영장이 필요한 사유에 관한 사항
5. 죄명 및 범죄사실의 구성에 관한 사항
6. 법 제11조(법 제11조제1호의 경우는 수사기록에 명백히 현출되어 있는 사건으로 한정한다)와 관련된 사항
7. 그 밖에 사법경찰관이 신청한 영장의 청구 여부를 결정하기 위해 필요한 사항

제60조(보완수사요구의 방법과 절차) ① · ② (생략)

③ 사법경찰관은 법 제197조의2제2항에 따라 보완수사를 이행한 경우에는 그 이행 결과를 검사에게 서면으로 통보해야 하며, 제1항 본문에 따라 관계 서류와 증거물을 송부받은 경우에는 그 서류와 증거물을 함께 반환해야 한다. 다만, 관계 서류와 증거물을 반환할 필요가 없는 경우에는 보완수사의 이행 결과만을 검사에게 통보할 수 있다.

④ 사법경찰관은 법 제197조의2제1항제1호에 따라 보완수사를 이행한 결과 법 제245조의5제1호에 해당하지 않는다고 판단한 경우에는 제51조제1항제3호에 따라 사건을 불송치하거나 같은 항 제4호에 따라 수사중지할 수 있다.

〈신설〉

제60조(보완수사요구의 방법과 절차) ① · ② (현행과 같음)

③ ✄✄✄ 사법경찰관은 법 제197조의2제1항에 따른 보완수사요구가 접수된 날부터 3개월 이내에 보완수사를 마쳐야 한다.

④ 사법경찰관은 법 제197조의2제2항에 따라 보완수사를 이행한 경우에는 그 이행 결과를 검사에게 서면으로 통보해야 하며, 제1항 본문에 따라 관계 서류와 증거물을 송부받은 경우에는 그 서류와 증거물을 함께 반환해야 한다. 다만, 관계 서류와 증거물을 반환할 필요가 없는 경우에는 보완수사의 이행 결과만을 검사에게 통보할 수 있다.

⑤ 사법경찰관은 법 제197조의2제1항제1호에 따라 보완수사를 이행한 결과 법 제245조의5제1호에 해당하지 않는다고 판단한 경우에는 제51조제1항제3호에 따라 사건을 불송치하거나 같은 항 제4호에 따라 수사중지할 수 있다.

제63조(재수사요청의 절차 등) ①~③ (생략)

〈신설〉

제63조(재수사요청의 절차 등) ①~③ (현행과 같음)

④ ✄✄✄ 사법경찰관은 법 제245조의8제1항에 따른 재수사의 요청이 접수된 날부터 3개월 이내에 재수사를 마쳐야 한다.

제64조(재수사 결과의 처리) ① (생략)

② 검사는 사법경찰관이 제1항제2호에 따라 재수사 결과를 통보한 사건에 대해서 다시 재수사를 요청을 하거나 송치 요구를 할 수 없다. 다만, 사법경찰관의 재수사에도 불구하고 관련 법리에 위반되거나 송부받은 관계 서류 및 증거물과 재수사결과만으로도 공소제기를 할 수 있을 정도로 명백히 채증법칙에 위반되거나 공소시효 또는 형사소추의 요건을 판단하는 데 오류가 있어 사건을 송치하지 않은 위법 또는 부당이 시정되지 않은 경우에는 재수사 결과를 통보받은 날부터 30일 이내에 법 제197조의3에 따라 사건송치를 요구할 수 있다.

〈신설〉
〈신설〉

〈신설〉

〈신설〉

〈신설〉

〈신설〉

제64조(재수사 결과의 처리) ① (현행과 같음)

② 검사는 사법경찰관이 제1항제2호에 따라 재수사 결과를 통보한 사건에 대해서 다시 재수사를 요청하거나 송치 요구를 할 수 없다. 다만, 검사는 사법경찰관이 사건을 송치하지 않은 위법 또는 부당이 시정되지 않아 사건을 송치받아 수사할 필요가 있는 다음 각 호의 경우에는 법 제197조의3에 따라 사건송치를 요구할 수 있다.

1. 관련 법령 또는 법리에 위반된 경우
2. 범죄 혐의의 유무를 명확히 하기 위해 재수사를 요청한 사항에 관하여 그 이행이 이루어지지 않은 경우. 다만, 불송치 결정의 유지에 영향을 미치지 않음이 명백한 경우는 제외한다.
3. 송부받은 관계 서류 및 증거물과 재수사 결과만으로도 범죄의 혐의가 명백히 인정되는 경우
4. 공소시효 또는 형사소추의 요건을 판단하는 데 오류가 있는 경우

③ 검사는 제2항 각 호 외의 부분 단서에 따른 사건송치 요구 여부를 판단하기 위해 필요한 경우에는 사법경찰관에게 관계 서류와 증거물의 송부를 요청할 수 있다. 이 경우 요청을 받은 사법경찰관은 이에 협력해야 한다.

④ 검사는 재수사 결과를 통보받은 날(제3항에 따라 관계 서류와 증거물의 송부를 요청한 경우에는 관계 서류와 증거물을 송부받은 날을 말한다)부터 30일 이내에 제2항 각 호 외의 부분 단서에 따른 사건송치 요구를 해야 하고, 그 기간 내에 사건송치 요구를 하지 않을 경우에는 송부받은 관계 서류와 증거물을 사법경찰관에게 반환해야 한다.

MEMO

판례 색인

대법원 판례

2000

2024 대비 최신개정판

해커스경찰
허정
형사법

기본서 | 3권 형사소송법

개정 2판 1쇄 발행 2023년 12월 5일

지은이	이용배·허정 공편저
펴낸곳	해커스패스
펴낸이	해커스경찰 출판팀

주소	서울특별시 강남구 강남대로 428 해커스경찰
고객센터	1588-4055
교재 관련 문의	gosi@hackerspass.com
	해커스경찰 사이트(police.Hackers.com) 교재 Q&A 게시판
	카카오톡 플러스 친구 [해커스경찰]
학원 강의 및 동영상강의	police.Hackers.com

ISBN	979-11-6999-678-5 (13360)
Serial Number	02-01-01

경찰공무원 1위,
해커스경찰 police.Hackers.com

해커스경찰

· 정확한 성적 분석으로 약점 극복이 가능한 **합격예측 모의고사**(교재 내 응시권 및 해설강의 수강권 수록)
· 해커스 스타강사의 **경찰 형사법 무료 동영상강의**
· **해커스경찰 학원 및 인강**(교재 내 인강 할인쿠폰 수록)

한경비즈니스 선정 2019 한국 소비자 만족지수 교육(경찰공무원) 부문 1위

해커스공무원

영어
구조 독해
007

공무원 합격의 확실한 해답!

해커스공무원 영어 교재

공통	입문	기본	심화

| 해커스공무원 기출 보카 4000+ (세트) | 쉽게 외워 빠르게 푸는 해커스공무원 필수 이디엄 | 해커스 공무원 영어 기초 영문법/기초 독해 | 해커스공무원 비비안 올인원 영문법 | 해커스공무원 영어 기본서 (세트) | 해커스공무원 영문법 합격생 필기노트 | 해커스공무원 영어 문법 고득점 핵심노트 | 해커스공무원 영어 고득점 문법 777제 | 해커스공무원 영어 고득점 독해 337 | 해커스공무원 영어 구조 독해 007 |

기출문제풀이

| 해커스공무원 유형별 기출문제집 영어 (세트) | 해커스공무원 7개년 기출문제집 영어 | 해커스공무원 최신 1개년 기출문제집 영어 | 해커스공무원 8개년 기출문제집 공통과목 통합 국어+영어+한국사 | 해커스법원직 15개년 기출문제집 영어 |

예상문제풀이 | 마무리

| 해커스공무원 영어 적중 문법 500제 | 해커스공무원 영어 적중 독해 500제 | 해커스공무원 영어 적중 어휘&생활영어 250제 | 해커스공무원 매일 하프모의고사 영어 1, 2, 3, 4, 5 | 해커스공무원 실전동형모의고사 영어 1, 2 | 해커스공무원 FINAL 봉투모의고사 영어 | 해커스공무원 FINAL 봉투모의고사 공통과목 통합 국어+영어+한국사 |

정가 **17,000** 원

13740

9 791172 442026

ISBN 979-11-7244-202-6

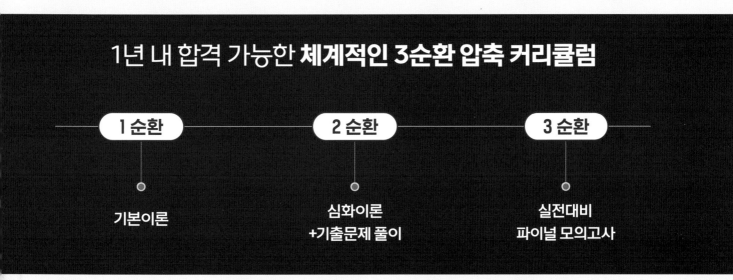

해커스경찰
허정
형사법

기본서 | 3권 형사소송법

경찰공무원 합격의 확실한 해답!

해커스경찰 허정 형사법 교재

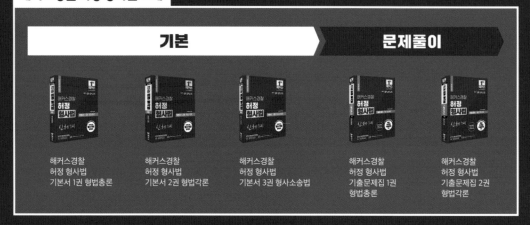

기본			문제풀이	
해커스경찰 허정 형사법 기본서 1권 형법총론	해커스경찰 허정 형사법 기본서 2권 형법각론	해커스경찰 허정 형사법 기본서 3권 형사소송법	해커스경찰 허정 형사법 기출문제집 1권 형법총론	해커스경찰 허정 형사법 기출문제집 2권 형법각론

정가 **19,000** 원

13360

9 791169 996785

ISBN 979-11-6999-678-5